艺心铸盾——总体国家安全观教育通识课

天津市学校原创思政艺术作品创作中心◎编

天津出版传媒集团

天津人民出版社

图书在版编目（CIP）数据

艺心铸盾：总体国家安全观教育通识课 / 天津市学
校原创思政艺术作品创作中心编 . -- 天津：天津人民出
版社，2025.4. -- ISBN 978-7-201-20931-9

Ⅰ . D631

中国国家版本馆 CIP 数据核字第 20258A2A28 号

艺心铸盾——总体国家安全观教育通识课
YIXIN ZHUDUN——ZONGTI GUOJIA ANQUANGUAN JIAOYU TONGSHIKE

出　　　版	天津人民出版社
出 版 人	刘锦泉
地　　　址	天津市和平区西康路 35 号康岳大厦
邮政编码	300051
邮购电话	（022）23332469
电子信箱	reader@tjrmcbs.com
策划编辑	安练练　陈　烨
责任编辑	李　荣　张　璐
装帧设计	李雨萌
印　　　刷	天津市银博印刷集团有限公司
经　　　销	新华书店
开　　　本	710 毫米 ×1000 毫米　1/16
印　　　张	17
字　　　数	200 千字
版次印次	2025 年 4 月第 1 版　2025 年 4 月第 1 次印刷
定　　　价	85.00 元

艺心铸盾——总体国家安全观教育通识课

● 指导单位 ●

教育部思想政治工作司　中共天津市委教育工作委员会

天津市教育委员会　中共天津市委国家安全委员会办公室

● 编写顾问 ●

刘跃进　赵　辉　路　波　石宝江　陈占权　孙伦轩　胡金红

● 编绘指导 ●

史雅宁　吴　洁

编绘协调

蒋松儒　杨春扬　胡永友　马林榕

编写成员

赵　辉	孙伦轩	赵　旭	刘莉莉	刘云香	彭　怡	李月玲
李永峰	牛秋菊	张同锋	张汉生	刘增彦	张　浩	范同欢
		郭　龙	张宇新	高　雅		

绘图成员

高　迪	赵子玥	李佳炜	刘世纪	张鑫凯	王敏娜	王子玥
徐沛尧	贾慧智	董　珍	赵炳吉	田景兆	金尔恒	谢紫涵
刘　帅	郑韶涵	靳雨桐	邬佳芷	苏彦哲	常建强	许城睿
李　航	刘　佳	姜　帆	王洛宾	叶　琳	杜天意	祝歆迪
		王　辰	兰芷瑶			

安而不忘危，存而不忘亡，治而不忘乱。国家安全是安邦定国的重要基石，是实现中华民族伟大复兴的中国梦的重要保障。2014 年 4 月 15 日，习近平总书记在中央国家安全委员会第一次会议上首次提出总体国家安全观，并于 2016 年 4 月 10 日首个全民国家安全教育日到来时作出重要指示，要求"深入开展国家安全宣传教育，切实增强全民国家安全意识"。党的二十大报告首次把国家安全作为报告的独立一部分作了前所未有的系统阐述，强调"推进国家安全体系和能力现代化，坚决维护国家安全和社会稳定"，从"民族复兴的根基"这一高度诠释了国家安全的重要性。党的二十届三中全会则指出，"国家安全是中国式现代化行稳致远的重要基础。必须全面贯彻总体国家安全观，完善维护国家安全体制机制"。

总体国家安全观是习近平新时代中国特色社会主义思想的重要组成部分，是中国共产党和中国人民捍卫国家主权、安全、发展利益百年奋斗实践经验和集体智慧的结晶，是新时代国家安全工作的根本遵循和行动指南。总体国家安全观是全面、立体、科学的安全观，内容既包括政治、军事、国土等传统安全，也包括经济、文化、社会、科技、信息、生态、资源、核安全等非传统安全，还包括太空、深海、极地、生物等新型领域的安全。

　　教育是国之大计，在构筑国家安全牢固防线的过程中发挥着基础性和关键性作用。在习近平总书记提出总体国家安全观十周年之际，为推动学习贯彻总体国家安全观走向深入，在中华人民共和国教育部思想政治工作司、中共天津市委国家安全委员会办公室、中共天津市委教育工作委员会、天津市教育委员会的指导下，天津市学校原创思政艺术作品创作中心（天津美术学院）为广大学生编绘出版本书，旨在积极构建国家安全教育体系，增强学生国家安全意识和安全素养，助推国家安全教育事业发展。

　　本书全面贯彻习近平总书记总体国家安全观，以教育部《关于加强大中小学国家安全教育的实施意见》为指导，采用图文并茂的形式进行编写设计。在普及每个安全领域的概念和主要学习任务的基础上，将国家安全二十个领域的典型案例转化为故事型阅读材料，加深学生的学习印象，便于学生有代入感地理解和反思捍卫国家安全的重大意义，同时附录相关领域的法律法规，协助学生构建立体的国家安全教育体系。生动的故事配以妙笔丹青的国风插图，拉近国家安全与青年学生群体之间的距离，以图文并茂的形式推动总体国家安全观在校园落地生根，让广大青年学生乐于学、学得进、听得懂，引导其做国家安全的维护者、宣传者和践行者。

　　　　　　　　　　　　　　　　　　本书编写组
　　　　　　　　　　　　　　　　　　2024 年 7 月

国家安全 你我共筑

安全是人类生存的基本需要，是亘古不变的话题。国家安全则是国家生存发展的头等大事和人民幸福安康的根本保障，是中国式现代化行稳致远的重要基础。

《中华人民共和国国家安全法》第二条规定：国家安全是指国家政权、主权、统一和领土完整、人民福祉、经济社会可持续发展和国家其他重大利益相对处于没有危险和不受内外威胁的状态，以及保障持续安全状态的能力。换句话说，国家安全内涵丰富，既指国家处于安全状态，又指国家维持这种安全状态的能力。

坚持总体国家安全观

中国共产党诞生于国家内忧外患、民族危难之时，对国家安全的重要性有着刻骨铭心的认识，始终把维护国家安全工作紧紧抓在手上。中国人民曾经饱受欺凌和战乱之苦，对国家安全有着深切期盼。经历过从站起来、富起来到强起来的中华民族，倍加珍惜和平与安宁。

2014 年 4 月 15 日，习近平总书记在中央国家安全委员会第一次会议上首次提出总体国家安全观，阐述了总体国家安全观的基本内涵、指导思想和贯彻原则。党的十九大将"坚持总体国家安全观"纳入新时代坚持和发展中国特色社会主义的基本方略并写入党章，这反映了全党全国人民的共同意志，对全民更加自觉、更加坚定地贯彻总体国家安全观具有十分重要的作用。

党的二十大报告首次把国家安全作为报告的独立一部分作了系统阐述，提出："坚持以人民安全为宗旨、以政治安全为根本、以经济安全为基础、以军事科技文化社会安全为保障、以促进国际安全为依托，统筹外部安全和内部安全、国土安全和国民安全、传统安全和非传统安全、自身安全和共同安全，统筹维护和塑造国家安全，夯实国家安全和社会稳定基层基础，完善参与全球安全治理机制，建设更高水平的平安中国，以新安全格局保障新发展格局。"这准确反映了国家安全各领域之间的有机联系和内在要求，总体国家安全观的基本精神、基本内容、基本方法和基本要求更加清晰、更加科学。党的二十届三中全会接续指出："必须全面贯彻总体国家安全观，完善维护国家安全体制机制，实现高质量发展和高水平安全良性互动，切实保障国家长治久安。"2025 年 2 月 28 日，习近平总书记在二十届中共中央政治局第十九次集体学习时强调，要坚定不移贯彻总体国家安全观，在国家更加安全、社会更加有序、治理更加有效、人民更加满意上持续用力，把平安中国建设推向更高水平。

总体国家安全观是中国共产党和中国人民捍卫国家主权、安全、发展利益百年奋斗实践经验和集体智慧的结晶，是马克思主义国家安全理论中国化的最新成果，是习近平新时代中国特色社会主义思想的重要组成部分，是新时代国家安全工作的根本遵循和行动指南。

当前，我国国家安全的内涵和外延比历史上任何时候都要丰富，时空领域比历史上任何时候都要宽广，内外因素比历史上任何时候都要复杂。在此背景下，总体国家安全观强调的是大安全理念，主张国家安全是全面、系统的安全，是共同、整体的安全，涵盖政治、军事、国土、经济、金融、文化、社会、科技、网络、粮食、生态、资源、核、海外利益、太空、深海、极地、生物、人工智能、数据等诸多领域，突破了传统的国家安全观，并且还将随着时代和实践的发展不断丰富。

中国特色国家安全道路

国家安全是一个国家所有国民、所有领域、所有方面、所有层级安全的总和。总体国家安全观是富有中国特色的国家安全观，它是一个内容丰富、开放包容、不断发展的思想体系。中国特色国家安全道路有着丰富的内涵，它以总体国家安全观为指导,坚持党对国家安全工作的绝对领导,坚持以人民安全为根本宗旨,坚持国家利益至上原则,以促进中华民族伟大复兴为终极目标,统筹发展和安全两个大局,走一条和平发展的安全道路。

中国共产党是中国特色社会主义事业的领导核心,中国特色社会主义最本质的特征是中国共产党的领导。党的百年发展历程证明:中国共产党从根本上结束了近代以后中国内忧外患、积贫积弱的悲惨命运,开启了中华民族走向伟大复兴的历史进程。国家安全工作的首要任务是保证政权安全和制度安全。坚持党对国家安全的绝对领导,是总体国家安全观的本质特征,更是国家安全工作的需要,关系社会主义的前途命运和国家的长治久安,关系"两个一百年"奋斗目标的实现。坚持党对国家安全工作的领导,是发挥党总揽全局、统筹协调作用的重要体现,是做好国家安全工作的政治原则。

江山就是人民,人民就是江山。把以人民为中心的发展思想贯彻落实到国家安全领域,就必然是把其他安全都统一于人民安全,将人民安全置于整个国家安全的核心地位。以人民安全为宗旨,它继承发扬了中国共产党全心全意为人民服务的立党宗旨和价值追求,彰显了深厚的人民情怀,既符合历史规律,也体现了时代与发展的新要求、新方向。

总体国家安全观坚持国家利益至上,以人民安全为宗旨,其归根结底是保障人民利益。人民安全高于一切,这是总体国家安全观的精髓所在。随着国家安全形势的变化,总体国家安全观不断丰富发展,但人民安全在所有国家安全要素中极端重要的地位从未改变。

我国是世界上最大的发展中国家，发展是解决一切问题的关键。新征程上，破解突出矛盾和问题，防范化解各类风险隐患，归根到底要靠发展。发展是安全的基础和目的，安全是发展的条件和保障。坚持发展和安全并重，自觉推动发展和安全深度融合，才能真正实现高质量发展和高水平安全良性互动，助力中国式现代化行稳致远，实现中华民族伟大复兴的中国梦。

国家安全，人人有责

国泰民安是人民群众最基本、最普遍的愿望，国家安全工作归根结底是保障人民利益。因此，做好国家安全工作，必须紧紧依靠人民。要充分发挥广大人民群众的积极性、主动性和创造性，切实维护广大人民群众安全权益，加强国家安全人民防线建设，增强全民国家安全意识，汇聚起维护国家安全的强大力量。

国家安全和每个人都休戚相关，维护国家安全是每一个公民和组织的责任和义务。《中华人民共和国国家安全法》第七十七条规定，公民和组织应当履行下列维护国家安全的义务：

（一）遵守宪法、法律法规关于国家安全的有关规定；

（二）及时报告危害国家安全活动的线索；

（三）如实提供所知悉的涉及危害国家安全活动的证据；

（四）为国家安全工作提供便利条件或者其他协助；

（五）向国家安全机关、公安机关和有关军事机关提供必要的支持和协助；

（六）保守所知悉的国家秘密；

（七）法律、行政法规规定的其他义务。

任何个人和组织不得有危害国家安全的行为，不得向危害国家安全的个人或者组织提供任何资助或者协助。

此外，强化人民群众的国家安全意识是国家安全工作的固本之策和长久之计。2015 年 7 月 1 日，十二届全国人大常委会第十五次会议通过了新的《中华人民共和国国家安全法》，并将每年 4 月 15 日确定为全民国家安全教育日。借助全民国家安全教育日、国家网络安全宣传周等活动，在全社会广泛宣传普及国家安全知识，推动总体国家安全观深入人心，构筑起全民维护国家安全的铜墙铁壁。

国家安全是安邦定国的重要基石，维护国家安全是全国各族人民根本利益所在。十年来，总体国家安全观指引我们有效破解国家安全面临的各种难题，经受住来自各方面的风险挑战考验，续写了经济快速发展和社会长期稳定两大奇迹的新篇章。

新征程上，以中国式现代化全面推进强国建设、民族复兴伟业，对维护国家安全提出新的更高要求。只有全面贯彻落实总体国家安全观，坚持中国特色国家安全道路，构建大安全格局，"中国号"巨轮才能越过激流险滩，驶向更加光明的未来。

政治安全，主要是指一个国家由政权、政治制度和意识形态为要素组成的政治体系，相对处于没有危险和不受威胁的状态，以及面对风险和挑战时能够及时有效防范、应对，从而确保国家良好政治秩序的能力。

政治安全

维护政治安全有哪些主要任务？

我国是工人阶级领导的、以工农联盟为基础的人民民主专政的社会主义国家。中国共产党是中国工人阶级的先锋队，全心全意为人民服务是党的根本宗旨。政治安全攸关我们党和国家安危，其核心是政权安全和制度安全。维护政治安全的主要任务包括：坚持中国共产党的领导，维护中国特色社会主义制度，坚持马克思主义的指导地位，发展社会主义民主政治，健全社会主义法治，强化权力运行制约和监督机制，保障人民当家作主的各项权利。

国家安全故事

警惕西方敌对势力的"攻心战"

"小田，醒醒！我们到了，欢迎你来 M 国！"

田某以为这趟横跨半个地球的旅程会让他一直保持兴奋，结果出了机场，刚坐上车他就睡着了，同行的老王见他一直没醒只好把他叫起来。

在被叫醒之前，田某正在做梦，他梦到自己关于"民主、革命、人权"的系列深度报道被世界知名媒体转发，同时获得了"奈特国际新闻""普利策""英国新闻"等国际知名新闻奖，但几个大奖的颁奖典礼时间居然冲突了，正当他难以抉择时，老王打断了他的美梦。

"醒啦？拿上你的包，咱们去取行李。"老王似笑非笑地看着他。

"哎，哎，好的，走吧。"田某跟老王认识

时间不长，又是在地球的另外一头，而且这次旅程安排得很秘密，他出国的事家里和学校都不知道。田某心里清楚想要实现自己的人生价值和职业梦想，自己还得仰仗眼前这位"带头大哥"。

田某下了车，从后备厢取行李时，只知道车从机场一直开到了一所僻静的别墅前。他隔着两排座椅冲司机挥了挥手，说了句谢谢。司机没有表情，也只在后视镜里对他略微点了一下头，就一溜烟把车开走了。

"大家都在等你，准备好了晚餐，行李你不用管，赶紧进去吧！"老王似乎有些不耐烦，一边招呼人拿行李，一边带着田某往里面走。

老王在前面带着田某，经过一段长长的昏暗的走廊，进入餐厅，中间摆着一张长条餐桌，五六个人分坐两边，似乎在等着主菜上桌。见他过来，一群人的目光锐利如刀，仿佛要把田某看透似的。

其中一个人和老王交换了一下眼神，在得到确认之后，热情地向田某伸出了手："田先生，欢迎你，你的到来真是我们的荣幸。我是《××时报》的主编，期待与你合作。"

田某立刻谄媚地双手握上去："我也很高兴能与您合作，希望今后我们能共同为实现更透明的'民主自由'而努力！"

自称《××时报》的主编似笑非笑地盯着田某，

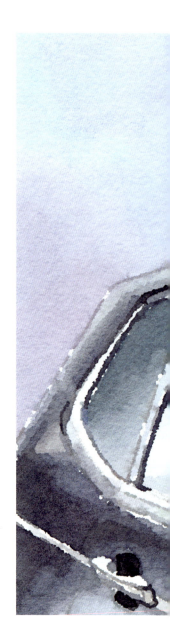

缓缓地说道:"更透明的'自由'和'民主'是我们多年来的奋斗目标。不过,我们需要更多的'证据'和'事实'来支持,这就需要田先生你发挥作用了,可以吗?"

"当然没问题,"田某非常有信心地回答,"我的理想就是利用媒体作为'第四权力'的特点,把中国内部一些热点敏感的事件报道出来。"

"田,我听说你还没有毕业,就已经是我们驻北京记者站的负责人了,真是年轻有为,咱们一起通力合作,一起拿个媒体大奖,很有希望啊!"

马上有人提议:"咱们为田的到来干一杯!"装满暗红色酒液的高脚杯叮叮当当地碰在一起,田某一饮而尽,眼前推杯换盏的场面让他非常享受。

后来田某才逐渐弄清楚,那晚及后来在 M 国的那些"媒体大拿",实际上都是 M 国情报组织的人员,选择田某主要是看他涉世未深,有工作热情,而且长期接受西方"普世价值"思想的引导,便于引诱其开展工作。

回国后,田某的"工作"更加忙碌了,每隔一段时间就有人通过各种方式给田某布置工作,秘密搜集并向境外提供诬蔑抹黑中国的所谓"证据"。田某的"笔耕不辍",为他赢得了大量的活动经费,但当他的稿件在国外媒体上的影响日益增大的时候,田某反而感到越来越不踏实,每天过得惶惶不可终日。他知道自己歪曲事实诋毁中国形象的行为最终意味着什么,但幕后推手一直在对他威逼利诱。俗话说,"纸里包不住火",他的行为早已引起我国国家安全部门的警觉,办案人员在充分调查取证后,准备收网了。

2019 年 6 月的一天,田某正忙着码字的时候,门被敲响了。田某以为是快递,想也没想就打开了门,门口站着两个人,目光紧紧盯着他。

田某有点儿慌,下意识退了半步,问道:"你们找谁?"

"你是不是田某?"来人问。

"找我什么事?"

来人向田某出示了执法证件后说道："我们是国家安全机关工作人员，你收拾一下跟我们走吧，有事情找你核实。"来人声调不高，带着不容商量的语气："带上你没写完的东西。"

田某一听，心里道："坏了！"大脑顿时一片空白，等清醒过后，发现自己已在审讯室。

田某有些恍惚，眼前的一切似乎并不真实，可双手间反射着银光的手铐、带着粗壮冰冷铁管的约束椅、端坐在他面前的两个人，让他知道这一切都是真的——都是为他准备的。

一名审讯员严肃地问道："田某，知道为什么找你来吗？"

田某沉默着，却攥紧了拳头，脚趾抠紧。

"你什么时间注册的国外社交媒体账号？"审讯员接着问。

"2016 年初。"田某抬起头，"因为我想从事媒体方面的工作。"

"注册完账号就联系上了国外'媒体'人员？"审讯员问。

"是，我在私信里表达了我的想法，对方让我发简历过去，后来叫我去面试，然后我就被录取了。"田某回答。

"你是从什么时候开始接收西方敌对势力的信息的？"审讯员乘胜追击。

"我从 2008 年起就开始听'××之音'的节目了……"田某回答。

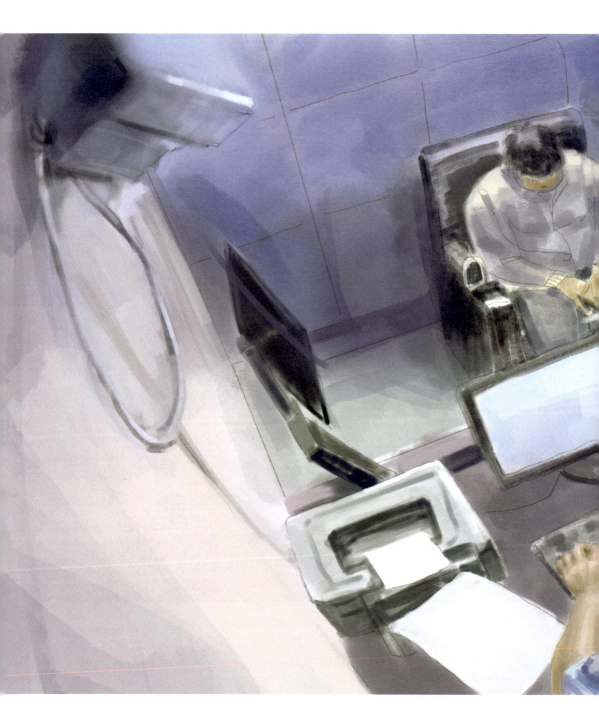

"你那年才8岁！？"审判员有些惊讶，"这么喜欢新闻行业干吗不在国内媒体工作？"

"不自由，"田某顿了顿，"外媒不一样……"

"对，是不一样！你与境外反华势力勾结，传播反动言论和政治谣言，长期搜集捏造反动宣传资料抹黑国家，妄图颠覆国家政权，这些事实都已有确凿证据。你就是这么追求人生理想的？"

"我……交代。"田某面如死灰。

"所以，去年你就开始创办境外反华网站，大肆传播各类反华信息和政治谣言，对国家进行恶毒攻击？！"审判员问。

"是的，他们告诉我必须这么做。我当时稿子发得挺多，关于抹黑新疆教培中心，声援'港独'分子，诬蔑'一带一路'倡议等一共刊发了500余篇，还向境外提供了3000多份反动宣传素材。"

"2018年你还在境外创办了一个反动网站？"审讯员问。

"是，因为看到新疆、西藏那

边的发展形势好，他们还是想从民族问题上抹黑，告诉我要进一步在人权和地区分裂上大做文章。我当时拒绝来着，他们威胁我说，不按照他们说的做，就把我做过的事情公之于众……让我两边不是人。"

"那你作为一个中国人，做出如此背叛国家的事，变着法儿给敌对势力递刀子，你考虑过后果吗？！"审讯员愤怒地质问田某。

田某浑身颤抖道："我……我错了，不该随意听信那些境外的反动言论，更不应该被那些反动言论迷惑，做出背叛自己国家的事……我……我都交代，配合国家安全机关的工作。"

田某虽然后悔了，但悔之晚矣，等待他的只有法律的制裁。

2020 年 11 月，法院对此案进行非公开审理，田某最终受到了法律的严惩。

🔔 反思和启示

田某的经历警示我们，政治安全不仅关乎个人前途，也关乎国家根本利益。面对境外暗示性诱导或"高薪利诱"，一旦缺乏政治定力和法治意识，便可能被卷入颠覆国家安全的漩涡。青年时期最易激昂冲动，更要自觉增强明辨是非的能力，时刻谨记信息背后的动机与风险。每个人都应坚守底线：忠于宪法法律，不盲从谣言和极端言论；勇于检举可疑信息，共同营造一个风清气正的社会环境。这既是对自己负责，更是对国家的担当。

小贴士

　　《中华人民共和国国家安全法》第十五条第二款关于政治安全的规定:"国家防范、制止和依法惩治任何叛国、分裂国家、煽动叛乱、颠覆或者煽动颠覆人民民主专政政权的行为;防范、制止和依法惩治窃取、泄露国家秘密等危害国家安全的行为;防范、制止和依法惩治境外势力的渗透、破坏、颠覆、分裂活动。"

《保密防线》

选自天津市新时代大学生国家安全主题艺术作品大赛优秀作品集

学　　校：天津美术学院

作　　者：杜文博

指导老师：商　毅

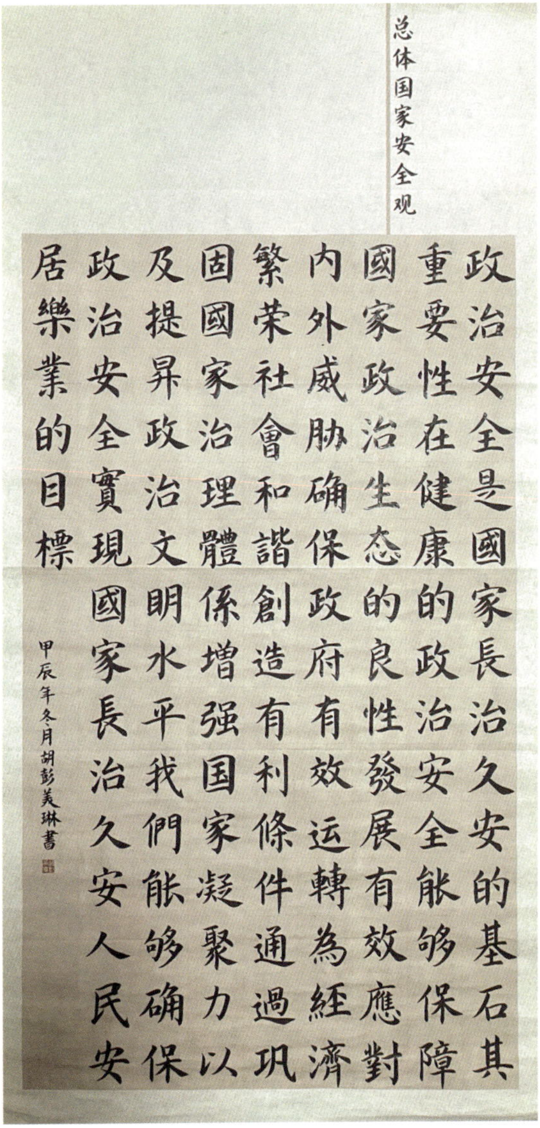
总体国家安全观
政治安全是國家長治久安的基石其
重要性在健康的政治安全能够保障
國家政治生态的良性發展有效應對
内外威胁确保政府有效运轉為經濟
繁荣社會和諧創造有利條件通過巩
固國家治理體係增强国家凝聚力以
及提昇政治文明水平我們能够确保
政治安全實現國家長治久安人民安
居樂業的目標
甲辰年冬月胡彭美琳書

《治国安邦 政安万代》

选自天津市新时代大学生国家安全主题艺术作品大赛优秀作品集

学　　校：天津科技大学

作　　者：胡彭美琳

指导老师：孙　颖　乔金玄

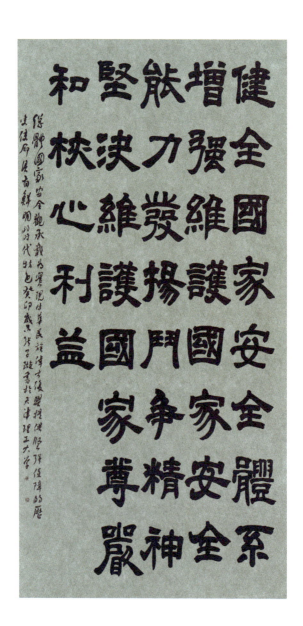

《铜墙铁壁》

选自天津市新时代大学生国家安全主题艺术作品大赛优秀作品集
学　　校：天津理工大学
作　　者：张子璇
指导老师：王智忠

军事安全，是指国家不受外部军事入侵和战争威胁的状态，以及保障这一持续安全状态的能力。

军事安全

维护军事安全有哪些主要任务？

《中华人民共和国国家安全法》第十八条规定，我国军事安全的主要任务是：国家加强武装力量革命化、现代化、正规化建设，建设与保卫国家安全和发展利益需要相适应的武装力量；实施积极防御军事战略方针，防备和抵御侵略，制止武装颠覆和分裂；开展国际军事安全合作，实施联合国维和、国际救援、海上护航和维护国家海外利益的军事行动，维护国家主权、安全、领土完整、发展利益和世界和平。

遵守国家法律 莫入"迷途"

在很多军事论坛里，分享所谓独家照片和敏感信息的人，在其他军迷的眼中代表着"专业"和"有门路"，他们所发布的"独家"内容往往更容易受到网友们的追捧。张某是一名"军迷"，同时也是一名摄影爱好者。出于想在网络空间里寻求关注的心理，2020年的一天，他萌生出去居住地附近军用机场拍照的想法。

说干就干，张某准备了高倍率的远摄镜头和具备快速连拍功能的数码相机等装备，把车停在距离机场有一段距离的地方，然后步行前往。随后他就在机场附近徘徊观察，找寻合适拍照的位置。他一边找位置，一边用手机拍照，拍了几张满意的照片后，就忙不迭地在微信朋友圈中分享，

并且发布了照片定位。

"先发几张试试水，看看他们的反应……"张某心里想着，手里不断点击手机继续编辑要发布的内容，"就当是预告了，我这住得离机场这么近，要是不发点儿劲爆的，太浪费资源了！"

望着机场内部排列整齐、阵容严整的战鹰，张某加快速度，在选择好一个相对隐蔽的拍摄位置后，连续两次对机场内部的军事设施、部队演训动向和武器装备等进行了摄录。

经过这两次"不懈努力"的拍摄，张某看到自己发布的内容在朋友圈和论坛里引来了不小的热度。其他军迷发来的表示艳羡的表情包和点赞评论，让他从心底产生了一种成就感。

"这（硬货）一发，朋友圈几百人点赞，论坛里不一会儿就有上万浏览量，我这马上就是军事圈'大V'啦！"张某不断刷新着屏幕，看着不断上涨的点赞评论，心中喜不自胜。

虽然其间也有朋友好心提醒他，朋友圈和论坛里所发布的内容很敏感，还是不发为妙。但此时的张某已经顾不上思考自己的行为会带来怎样的后果。在虚荣心的驱使下，为了给自己再增加一波热度，他收拾好拍摄装备，第三次来到机场附近。同时，张某为了获得更好的拍摄角度，将拍照位置选在了正对机场起飞跑道，距离机场内部直线距离不足50米的一处土坡上。他之所以选择这里，是因为发现这个位置可以清楚地拍摄到机场内的装备和飞机起降情况。

有了前两次"宝贵"经验，张某拍摄起来更加得心应手，他使用配有长焦高倍率镜头的相机对着机场里的战机非法拍摄了300多张照片。

当他沉浸在这些"独家猛料"发在网上又能吸引一波流量的时候，忽然一声断喝，把他吓了一跳："这里是军事禁区，你在这里做什么？！"

张某抬头一看，两名手握钢枪的战士一前一后把他围住，一名战士的眼睛直直地盯着他，另一名战士则紧盯着他手中的相机。

张某一惊，心想："坏了，看来事不过三……"不过他脸上故作镇定，轻描淡写地对眼前的两名战士说："我是个摄影爱好者，来这里拍拍飞机……"

正对张某的战士严肃地盯着他说："请问你是否知道这里是军事禁区？"

张某垂着眼皮，从嘴里挤出几个字："禁……不知道……"

战士一听张某在打马虎眼，马上打断他："这里的围栏上每隔几十米就有'军事禁区''禁止拍照''禁止逗留'的标识牌，你人靠这么近，还可以听到警示广播，你是明知故犯！"

另外一名战士说："请你交出你的拍摄设备，配合我们工作！"

两名战士的声音不高但非常坚定，严肃且没有任何商量余地。张某心想："我这次真玩大了……"他慢慢地把相机交给其中一名战

士，然后在这两名战士的"护送"下被带到保卫部门配合调查。

经有关部门鉴定，张某拍摄的照片涉及 4 项机密级军事秘密，一旦这些内容泄露，境外间谍情报机关可据此掌握这个军用机场的装备列装、部署、调动情况及阵地建设情况，一旦发生战争，这个机场极易成为敌人的重点打击目标。

经人民法院审判，"军迷"张某因触犯《中华人民共和国刑法》第二百八十二条非法获取国家秘密罪，被判处有期徒刑一年两个月，缓刑一年六个月。

🔔 反思和启示

张某以"军迷"身份拍摄军事设施，原本出于好奇却触碰法律红线，最终受到惩处，给我们深刻的警示。军队是国家安全的坚固屏障，其敏感信息不容随意曝光或兜售，否则极易被别有用心者利用，危及国家安全。

对于军事科技或部队部署等机密领域，我们必须心存敬畏，自觉遵守保密法规与社会公德。同时也要学会明辨真伪，警惕"独家猛料"背后的信息泄露风险。只有人人守法、共筑防线，才能真正护佑祖国安宁。

> **小贴士**
>
> 　　军事安全的内容非常广泛，主要包括军队安全、军人安全、军纪安全、军备安全、军事设施安全、军事秘密安全、军事信息安全、军事工业安全、军事活动安全等。
>
> 　　我国于1990年2月颁布了《中华人民共和国军事设施保护法》，其后又根据形势发展对该法先后进行3次修订，修订后的《中华人民共和国军事设施保护法》对军事禁区、军事管理区及没有划入军事禁区、军事管理区的军事设施的保护都作出了明确规定。

军事强　则国家安

《军事强 国家安》

选自天津市新时代大学生国家安全主题艺术作品大赛优秀作品集

学　　校：天津美术学院

作　　者：裴梓晴

指导老师：宋树峰

国土安全涵盖领土、自然资源、基础设施等要素，核心是指领土完整、国家统一、边疆边境、海洋权益等不受侵犯或免受威胁的状态，以及持续保持这种状态的能力。

国土安全

维护国土安全有哪些主要任务？

《中华人民共和国国家安全法》第十七条规定，国家加强边防、海防和空防建设，采取一切必要的防卫和管控措施，保卫领陆、内水、领海和领空安全，维护国家领土主权和海洋权益。

国家安全故事

海参养殖场的"境外之眼"

2019 年 8 月，"利奇马"台风带来的强风暴雨正冲击着辽宁大连的一家海参养殖场，在狂风中摇荡了很久的电线终于没能坚持住，断落了，周围顿时一片漆黑。

不过养殖场老板张先生并不紧张，他在接到台风预警后加固并密闭了养殖池，只要等到台风减弱，用不了多久电力就能恢复。可是断电后才十几分钟，一个电话却让张老板紧张了起来。

"张老板，你那边怎么断电了？快点儿把电通上啊！"来电的黄某语气十分焦急。

"台风刮断的，等风小了就恢复了。"张老板解释了原因，随口问了一句，"你怎么知道我这断电了？"

"境外那边给我来电话了，说数据已经收不到了！等风小了，赶紧把电通上！"黄某所说的数据，是他带人给张老板养殖场安装的海水质量监测设备生成的数据。可养海参的数据怎么会传到境外呢？这一句话，让张老板警觉了起来，挂了电话之后，张老板开始回想整件事的来龙去脉。

两个月前，这个黄某自称是相关管理部门的工作人员，带了几个外国人来到张老板的养殖场。他对张老板说，这些外国人是卖海水质量监测设备的，准备在大连地区搞推广，想先在张先生的海参养殖场免费安装一套设备进行测试。想到养海参也需要这些数据，又是给免费安装，张先生就答应了对方的请求。

在设备试运行期间，张老板每天都会收到设备监测和记录到的海水数据，但是渐渐地，他发现这些数据似乎有些问题，它和海参养殖的关系不大，而且测量的数据不准确。更奇怪的是，只是安装一套并不复杂的海水质量监测设备，这些外籍人员就前前后后来了四次。

本就对这些数据有些疑惑的张老板，在听到境外接收不到数据后，觉得这件事背后恐怕很复杂，又想起前些天收到的"12339，国家安全意识人人有"的短信，

于是便拨打电话12339向国家安全机关进行了举报。

　　大连市国家安全局干警第一时间到现场勘查，通过勘查发现，这套所谓的"海水质量监测设备"其实是海洋水文监测设备，可以采集到附近海域的水温、盐度、溶解氧、pH值等海水数据，并实时传输到境外。

　　在张先生海参养殖场的陆地区域，国安干警还发现了一个看似普通的摄像头。这个测距长达25千米的360度旋转摄像头，通过一个伪装成喇叭的拾音盒进行拾音引导，能够捕捉飞过的飞机图像，而张先生的海参养殖场周围，恰恰属于军事敏感区域，经常有我军战机进行训练，附近海域也时常有军舰过往。

经过专业鉴定，境外人员在我国大连海域非法安装的海空监控摄录及海洋水文监测设备，观测范围覆盖我国空中军事行动区域，能够对我国非开放海域的潮汐、海流等国家机密数据进行实时监测，对我国海洋权益及军事安全造成严重危害。

根据举报信息和调查取证，辽宁省国家安全机关对黄某及数名外籍人员依法采取强制措施，并拆卸收缴了监测设备。黄某等人如实交代了非法窃取我国海洋水文数据和海空军事影像的违法犯罪事实。国家安全机关及时发现，果断出击，有效消除了我国空军军事、海洋水文等涉密数据信息泄密的风险隐患，挖掉了这个隐藏在海参养殖场的"境外之眼"，依法打

击了境外组织和人员对我国的窃密违法活动，有力维护了我国国家安全。

长期以来，中国常被描绘为一个以大陆为主的国家，而海洋领土的重要性往往被忽视。在人们的印象中，我们伟大祖国的面积是 960 多万平方千米，但这只是我国的陆地领土面积。除此之外，我国还拥有约 300 万平方千米的管辖海域。如果算上渤海全域以及黄海、东海、南海的大部分海域及其专属经济区，我国的蓝色国土面积接近 470 万平方千米。

反思和启示

看似普通的海参养殖场，竟成了境外势力窃取我国海洋水文和军事影像的据点，这凸显了国土安全与国家安全之间的紧密联系。地理位置、海域数据、边境设施等，都可能成为外部势力觊觎的目标。我们

要时刻保持警觉，不要因疏忽大意让重要信息落入他人之手。青少年尤其要增强国家安全意识，从日常生活的小细节做起，如留意异常设备、识别可疑人员，养成主动举报的习惯；唯有全民防范，才能守护广袤国土的安宁与完整。

🖼 小贴士

国土安全与《中华人民共和国陆地国界法》：2021 年 10 月颁布的《中华人民共和国陆地国界法》是我国维护陆地国土安全的一部重要立法。陆地国界法共 7 章 62 条，主要内容包括：陆地国界工作的领导体制、部门职责、军队的任务和地方人民政府在维护陆地国界安全方面的职责，以及陆地国界的划定和勘定、陆地国界及边境的防卫、陆地国界及边境的管理和陆地国界事务的国际合作等。

《中华人民共和国陆地国界法》明确，中华人民共和国的主权和领土完整神圣不可侵犯。国家采取有效措施，坚决维护领土主权和陆地国界安全，防范和打击任何损害领土主权和破坏陆地国界的行为。

《戍海安邦》

选自天津市新时代大学生国家安全主题艺术作品大赛优秀作品集
学　　校：天津美术学院
作　　者：黄明月
指导老师：于文江

《守望》

选自天津市新时代大学生国家安全主题艺术作品大赛优秀作品集

学　　校：天津美术学院

作　　者：孔　帅

指导老师：赵　展

《披坚执锐，万疆可守》

选自天津市新时代大学生国家安全主题艺术作品大赛优秀作品集

学　　校：天津美术学院

作　　者：宋雅琪

指导老师：郑盼盼　熊永平

经济安全是国家安全的基础。维护经济安全的核心是要坚持社会主义基本经济制度不动摇，不断完善社会主义市场经济体制，坚持发展是硬道理，不断提高国家的经济整体实力、竞争力和抵御内外各种冲击与威胁的能力，重点防控各种重大风险挑战，保护国家根本利益不受伤害。

经济安全

维护经济安全有哪些主要任务？

《中华人民共和国国家安全法》第十九条规定，国家维护国家基本经济制度和社会主义市场经济秩序，健全预防和化解经济安全风险的制度机制，保障关系国民经济命脉的重要行业和关键领域、重点产业、重大基础设施和重大建设项目以及其他重大经济利益安全。

📖 国家安全故事

守护经济安全的"芯"力量

面积只有指甲大小的芯片，能牵动亿万人的心。这种说法看似夸张，却很贴切。芯片被誉为"新时代的石油"，众多专家学者将之称为国运升级的关键节点。

在我们的生活中，从冰箱、空调、电饭锅等基础的家电产品到几乎每个人都离不开的智能手机，甚至数以吨计的列车、飞机等，如果没有了芯片，这些产品也就没了"心"，只是一堆冰冷的钢铁制品。芯片是整个电子产业乃至信息产业的基础。2021年我国原油的进口额大约是2500亿美元，而同年我国的芯片进口额达到了4400亿美元，已经接近原油进口费用的两倍。高性能的芯片对我国经济稳定增长的重要性，不亚于原油。

毋庸置疑，高性能的芯片研发与制造是关系到国民经济命脉的重要行业、关键领域。

但与石油不同的是，芯片的供应被美国及其盟友所掌控、甚至是垄断。美国2022年8月通过《芯片和科学法案》，进一步加紧了对我国芯片产业的围追堵截，竭尽所能从芯片领域对我国经济发展"卡脖子"，扼制中国的崛起。

正如《纽约时报》一篇文章所说的，美国政府通过的《芯片和科学法案》，实际上是在对中国说："我们认为，在逻辑芯片、存储芯片和设备方面，你们落后我们三代技术，我们将确保你们永远追赶不上。"高端芯片的断供，也确实影响了我国的相关产业发展。那么我国对于这种从点到面、层层加码的制裁打压，除了强烈谴责，就只能忍气吞声吗？其实不然，我国政府早已意识到，芯片与国民经济命脉、国家经济安全息息相关，并开展了大量的工作……

上海市经济委员会原常务副主任江上舟，一直密切关注着芯片行业的动向，在深入了解后，目光聚焦在"尹志尧"这个名字上。在一粒米上，微雕最多能刻 200 个汉字，而他能刻 10 亿个。他就是尹志尧。提起芯片，很多人都知道光刻机，却不知刻蚀机。如果说芯片是一幅平面雕刻作品，那么光刻机就是打草稿的画笔，刻蚀机则是雕刻刀，二者精密程度不相上下。全世界一半的刻蚀设备，都出自这位硅谷最有成就的华人之一——尹志尧之手。在一次设备展上，江上舟见到了尹志尧，他围绕刻蚀机同尹志尧进行了深入的交谈，更是盛情邀请尹志尧回国效力："外国人拿（刻蚀机）来卡我们的脖子，我们能造出来吗？" 这句话深深地触动了已经退休的尹志尧。

尹志尧中学毕业于北京四中，本科毕业于中国科学技术大学，硕士毕业于北京大学，后出国深造。按理说，到了知天命的年纪，人在美国，名利双收，也该安下心来好好享受生活了。但尹志尧没有这样做，他将目光投向大洋彼岸。他还记得小时候萦绕在自己耳旁的话语"无论身在何方，都要回归祖国的怀抱"。尹志尧从未忘记自己是在红旗下受的教育，给外国人做了那么多年嫁衣，这一次，是时候给祖国和人民做点贡献了。

　　在内心的指引下，尹志尧几经辗转，终于踏上回国路。2004 年，在上海机场，一架大型客机徐徐着陆，等候已久的江上舟急切地在落地的乘客群中寻找着。终于，他看到了一个瘦削而熟悉的身影。是他！他快步走上前去，紧紧地握住尹志尧的手。旅途劳顿的尹志尧，激动地点点头。本可以躺在功劳簿上的尹志尧，决定回国创业，从零开始。当他带领由 15 人组成的科研团队飞抵上海，踏上祖国土地的那一刻，我国的芯片历史翻开了新的篇章。

　　在江上舟的牵线下，60 岁的尹志尧创办了中微半导体设备公司，即中微公司。上海市政府首先给了尹志尧 5000 万元启动资金，上海创投和国开金融接连投入资金帮助中微撑过了最艰难的起步阶段。有了资本就是干。苦熬三年，2007 年尹志尧带领团队研制出中国大陆第一代双反应台介质刻蚀除胶一体机。整体工作效率比国际同类产品提高了 30%。为了刁难尹志尧，也为了打压中国半导体，美国公司接连起诉中微专利侵权。在应对会议上，面对法务人员焦虑的目光，尹志尧分外从容镇定。当初他组建 15 名工程师的小团队，创办中微公司，早已公开承诺不使用任何涉及美国的技术与设备。这样做，一方面是为了防患于未然，避免美国公司在技术保密上做文章，另一方面是源于能力的自信。他相信自己可以"凭空造物"，仅用脑海中的知识和经验，就能帮祖国的半导体行业打下一片壮丽山河。面对气势汹汹的美国同行，尹志尧微微一笑，不急不忙地摆起架势，迎接风雨的到来。美方律师团队兵临城下后，中微公司不作任何解释和掩饰，直接敞开大门，欢迎对方对公司内部研发文件进行调查取证，且不限时长和查看文件数量。

　　果然，在彻查 600 万份文件后，美方律师团队没有了来时的气势。中微不仅赢了官司，还成功进入美国出口控制设备白名单，为中国的刻蚀机

发展扫清了最大障碍。2018年中微研发的国产首台5纳米刻蚀机成功问世。在一粒米上微雕最多能刻200个汉字，但用5纳米刻蚀机可以刻10亿个汉字，这创造了中国半导体的历史。

在20年的发展中，中微展现出绝对的技术压制。截至2022年底，中微累计获得2259项专利，其中发明专利达到1938项，仅尹志尧个人就斩获了400多项专利。中微跻身全球第四大刻蚀设备供应商，刻蚀能力更是毫无疑问的世界级霸主，成为芯片产业链条的精彩一环。它助力芯片产业整体推进，破解了"卡脖子"的绳套，守护住国民经济命脉的关键阵地，为中国经济安全、稳定、持续增长注入源源不断的"芯"动力。

🔔 反思和启示

高端芯片被称为"新时代的石油"，其战略价值关系到国家命脉。故事中，尹志尧放弃国外优渥条件，回国攻克核心技术，为我们诠释了爱国情怀与责任担当。面对外部"卡脖子"风险，我们应坚定创新自信，尊重科学规律，培育更多研发人才，力争在关键技术领域实现自立自强。青年学生要放眼国际前沿，培养创新思维与协同意识，积极投身基础研究或高新技术产业。唯有从根本上打破技术壁垒，中国经济才能基业长青。

📖 小贴士

《中华人民共和国能源法》

第六章 能源科技创新

第五十六条 国家制定鼓励和支持能源科技创新的政策措施，推动建立以国家战略科技力量为引领、企业为主体、市场为导向、产学研深度融合的能源科技创新体系。

第五十七条　国家鼓励和支持能源资源勘探开发、化石能源清洁高效利用、可再生能源开发利用、核能安全利用、氢能开发利用以及储能、节约能源等领域基础性、关键性和前沿性重大技术、装备及相关新材料的研究、开发、示范、推广应用和产业化发展。

《经济安全乃国家安全之基础》

选自天津市新时代大学生国家安全主题艺术作品大赛优秀作品集

学　　校：天津美术学院

作　　者：张　烨

指导老师：范同欢

金融安全是指国家金融业包括金融机构、金融市场及外汇市场在其发展过程中对来自国内外不利因素的干扰和冲击具有足够的抵御和抗衡能力，能够成功化解各种金融风险，并保持正常运行和发展的一种状态。具体包括金融机构的安全、证券市场的安全及外汇市场的安全。在经济全球化加速发展的今天，金融安全在国家经济安全中的地位和作用日益加强。

金融安全

维护金融安全有哪些主要任务？

《中华人民共和国国家安全法》第二十条规定，国家健全金融宏观审慎管理和金融风险防范、处置机制，加强金融基础设施和基础能力建设，防范和化解系统性、区域性金融风险，防范和抵御外部金融风险的冲击。

维护好金融安全，务必贯彻 2017 年 4 月 25 日习近平总书记在中共中央政治局第四十次集体学习中关于维护国家金融安全的重要指示，做到"两个坚持"，即坚持底线思维，坚持问题导向。安全是做好金融工作的前提，也是底线。坚持底线思维，必须坚决守住不发生系统性金融风险这一重要目标。坚持问题导向，就是在全面做好金融工作基础上，着力深化金融改革，加强金融监管，科学防范风险，强化安全能力建设，不断提高金融业竞争能力、抗风险能力、可持续发展能力。

游戏虽好，切莫被游戏玩弄了人生

　　小陈是一名刚迈入大学校园的新生，在结束了高中的伏案苦读之后，大学轻松自由的学习氛围让他有更多时间可以做自己喜欢的事情。因此，课余时间，小陈大多都会在游戏世界里度过。

　　这一天，在虚拟世界冲浪的小陈收到好友列表中一位"小朋友"的请求，据"小朋友"自述，马上要进入紧张的高考冲刺期了，家里不支持他继续玩游戏，想让他全身心投入学习。但是他的游戏账号级别已经很高了，账号里有很多昂贵的游戏装备，还有很多已经充值的游戏货币，因此舍不得就这么荒废，请求小陈帮他代练，只要游戏账号不被清退，其他都由小陈随意安排。

　　刚经历高考的小陈对"小朋友"的情况十分

理解，自己之前也因为学习不得以暂时放弃游戏。既然他对自己这么信任，而且现在已经是4月，还有一个多月就高考了，时间也不长。小陈不做他想，痛快答应了这位好友，同时两人也互相添加了现实世界好友，"小朋友"把自己的账号、密码都发给小陈，二人约定，高考之后把游戏账号再归还给"小朋友"，这期间该账号的任何情况都由小陈自己做主，不用和"小朋友"商量。

刚开始的几天，小陈每日按时帮"小朋友"签到游戏账号，保持账号的活跃值。小陈发现，这个账号是真的很"壕气"，游戏装备几乎都是最高阶的，而且战绩都很优秀，心中不免对这个小自己一届的高中生好友多了一丝羡慕。

后来，登录的次数多了，看着那些华丽的装备，小陈心痒难耐。本着就玩儿把让自己体验一下高阶玩家魅力的想法，小陈在"小朋友"账号开启了第一次对局游戏。

只能说，"钞能力"不愧是超能力，横扫一切的游戏体验让小陈非常兴奋，他体会到了在现实世界很难拥有的成就感和满足感。自此以后，小陈逐渐将游戏重心转移至"小朋友"的账号，自己那个"一贫如洗"的账号已经很久都未登录了。

但快乐的时间总是短暂的，很快到了6月，结束了高考的"小朋友"再次与小陈联系，要

重新接管自己的游戏账号。小陈很是不舍，在两人的交谈中，小陈得知"小朋友"并不是因为家里富裕而能给游戏进行无止境的充值，而是之前一位好友找他帮忙转让游戏卡券，作为报酬赠送给他很多游戏币和昂贵装备。看出小陈很感兴趣后，"小朋友"非常痛快地给他"引荐"了那位好友。

那位好友自称是常年代销游戏币和游戏装备的老手，小陈通过他了解到，只要帮助别人在游戏世界里转让不再使用的游戏装备，就能拥有像"小朋友"一样富有的游戏账号。

面对绝佳的游戏体验，小陈毫不犹豫地加入了他们的队伍，其间"小朋友"也经常给他出谋划策，帮助他寻找新的买家。在他们的引导下，不到一个月时间，小陈在游戏世界里赚得"盆满钵满"。

直到有一天，小陈接到了公安机关的电话，电话中民警告知他涉及一起大额网络洗钱案件，要求他立即去公安机关接受调查。一开始小陈还以为是民警打错电话了，再三确认是打给他本人后，小陈才开始认真回忆自己这段时间做了哪些与洗钱有关的事。可是思来想去还是不明白，自己何时参与洗钱了？那可是违法的呀，自己绝不会干违法的事情，带着满腔疑惑，小陈急忙赶往公安局。

在公安局里和民警进一步沟通后，小陈幡然醒悟，原来自己所谓的帮

助转移游戏币竟然是一项隐匿的网络洗钱活动。民警告诉小陈，他的好友"小朋友"是洗钱犯罪团伙的一员，该团伙用"黑钱"充值进行游戏装备打造升级，后转移出售给其他玩家获取游戏币，通过游戏内交易平台或第三方支付平台进行交易，将游戏币转化成游戏正常收入并套取现金。而小陈因为自己的无知，间接成为该洗钱犯罪团伙的下游成员，相关行为已构成洗钱罪，现在必须对小陈依法追责。小陈原本大好的青春就此戛然而止，等待小陈的将是法律的制裁。

🔔 反思和启示

　　小陈在不知情中参与"虚拟货币"洗钱，一步踏错，陷入违法的泥潭。这说明金融安全不仅存在于宏观层面的防范金融风险，也潜藏在看似平常的日常生活之中。互联网时代，许多花哨的"高额收益"背后，往往潜藏洗钱、诈骗等犯罪手段。青少年要谨记：天上不会掉馅饼，面对陌生链接或过于诱人的"兼职"，需提高警惕。重视个人信息与账户安全，更要擦亮双眼，拒绝以身试法。唯有坚守诚信和法治意识，才能守护个人与国家的金融安定。

🔖 小贴士

《中华人民共和国刑法》第一百九十一条【洗钱罪】

为掩饰、隐瞒毒品犯罪、黑社会性质的组织犯罪、恐怖活动犯罪、走私犯罪、贪污贿赂犯罪、破坏金融管理秩序犯罪、金融诈骗犯罪的所得及其产生的收益的来源和性质，有下列行为之一的，没收实施以上犯罪的所得及其产生的收益，处五年以下有期徒刑或者拘役，并处或者单处罚金；情节严重的，处五年以上十年以下有期徒刑，并处罚金：

（一）提供资金账户的；

（二）将财产转换为现金、金融票据、有价证券的；

（三）通过转账或者其他支付结算方式转移资金的；

（四）跨境转移资产的；

（五）以其他方法掩饰、隐瞒犯罪所得及其收益的来源和性质的。

单位犯前款罪的，对单位判处罚金，并对其直接负责的主管人员和其他直接责任人员，依照前款的规定处罚。

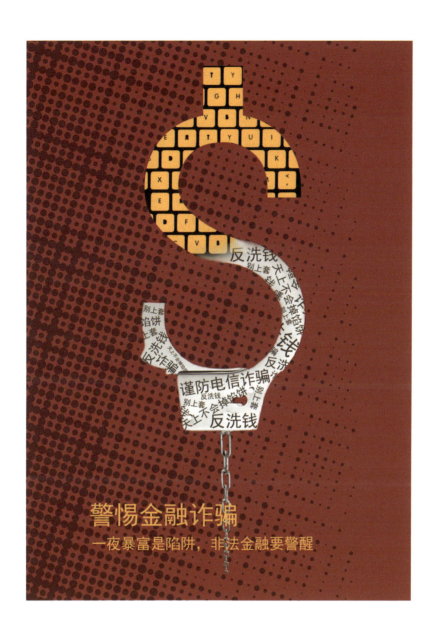

《 "金" 手铐》

选自天津市新时代大学生国家安全主题艺术作品大赛优秀作品集

学　　校：天津美术学院

作　　者：周　颜

指导老师：王　宁

《红线·底线》

选自天津市新时代大学生国家安全主题艺术作品大赛优秀作品集
学　　校：天津美术学院
作　　者：李　航
指导老师：高　山

　　文化安全是指一国文化相对处于没有危险和不受内外威胁的状态，以及保障持续安全状态的能力。文化安全主要包括增强文化自信、践行社会主义核心价值观、传承发展中华优秀传统文化、文化交流与互鉴等方面。文化安全是确保一个民族、一个国家独立和尊严的重要精神支撑。

文化安全

维护文化安全有哪些主要任务?

《中华人民共和国国家安全法》第二十三条规定,国家坚持社会主义先进文化前进方向,继承和弘扬中华民族优秀传统文化,培育和践行社会主义核心价值观,防范和抵制不良文化的影响,掌握意识形态领域主导权,增强文化整体实力和竞争力。

樊锦诗：以敦煌为原点
守护中国文化根脉

曾经有主持人在节目中采访樊锦诗："一边是莫高窟，一边是家庭，与家人长达十九年的两地分居生活，您有没有想过放弃和离开？放弃自己的工作，离开莫高窟？"主持人表情平静，并没有期待什么意外的答案。

因为在樊锦诗坚守大漠的半个多世纪里，她获奖无数。从全国优秀共产党员、全国文化系统先进工作者、全国先进工作者，到"100位新中国成立以来感动中国人物"；从2018年12月党中央、国务院授予她"改革先锋"称号，颁授改革先锋奖章，到2019年9月习近平主席签署主席令，授予她"文物保护杰出贡献者"国家荣誉称号，再到2019年9月被授予"最美奋斗者"称号……荣

誉虽多，但无论何时何地，她都一如既往地保持着淡然与谦逊。如果没有对敦煌文化保护的热爱，对国家、对人民负责任的态度和精神，在飞沙走石、黄土漫天的敦煌是待不住的。

可是没等主持人把"离开莫高窟"这最后半句说完，樊锦诗就已经接上话头。"可以说是不止一次地想，"她用平实有力的语气回答时，两只手叠放在身前，几次用力向下，更显出这个想法确实出自真心，"可是当我越来越频繁地接触敦煌的艺术时，我更深刻地体会到，它是世界上绝无仅有的石窟寺艺术，绝世至宝。"樊老话音未落，整个会场已经响起了热烈的掌声。是的，她六十余年的坚守，值得我们所有中国人为她鼓掌！

坚守，是个力重千钧的词汇。靠的是身体力行，更需要热血铸就，而最后，要用每分每秒的时间去一点一滴践行。1963年夏天，一个瘦弱的年轻女孩在北京火车站背着大大的背包，头戴草帽，满怀理想，登上开往西部的列车，樊锦诗那年25岁。直到现在，她依然作为敦煌研究院的名誉院长守护着敦煌，这是一场持续了六十余年、一直在进行中的"接力赛"！

千年敦煌，敦煌千年。时间加诸其身的，是光耀古今的璀璨文化，是雄浑厚重的历史底蕴，更是饱经风霜后的皓首苍颜，美好且珍贵。莫高窟地处库姆塔格沙漠东南缘、鸣沙山东麓，千百年来长期受到风沙的威胁。因此，来到敦煌的一代代、一批批文物保护工作者，眼里只有两件事：治理风沙与保护文物，缺一不可。

　　樊锦诗刚来到敦煌开始的工作是编制莫高窟考古报告，这一干就是二十多年，她主持完成了《莫高窟崖顶风沙危害的研究》《敦煌莫高窟环境演化与石窟保护研究》《敦煌莫高窟及周边地区环境演化科普教育》等相关国家级研究课题。到了1985年，她负责牵头敦煌的申遗工作，在这个过程中她发现了一个严重的问题。"过去几十年间莫高窟的变化很大，现在的壁画很模糊，颜色也在逐渐褪去。"看着日益消逝的壁画、塑像，樊锦诗很焦虑，"如何在抢救性保护的同时，尽可能地把这些文物的原貌保留下来呢？"自从敦煌被发现，到后来的保护研究，直至今日，无数敦煌"面壁者"都在与时间赛跑，而樊锦诗成为他们之中的"破壁人"——想尽一切办法，完成现有文物的数字化保护。

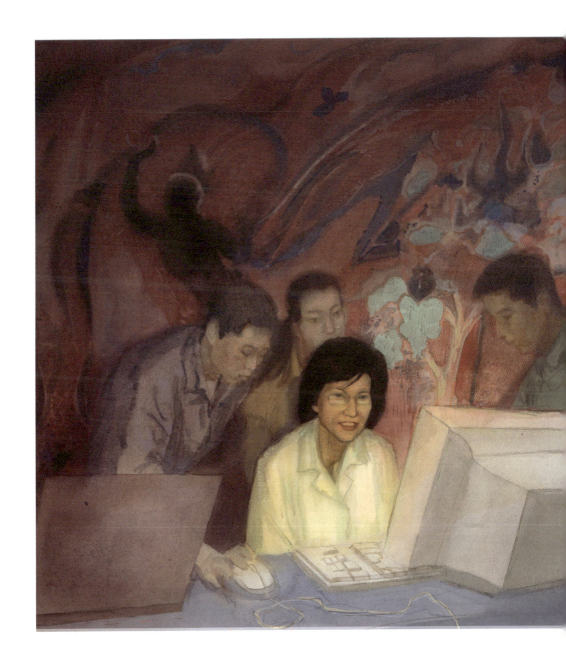

　　20 世纪 80 年代末，一个偶然的机会，樊锦诗接触到了数字化。"壁画这种文物不可再生，也不能永生，但是数字化可以最大限度地保留它们的原貌。"樊锦诗产生了一个大胆的构想——要为敦煌每一个洞窟、每一幅壁画、每一尊彩塑建立数字档案，利用数字技术让莫高窟"容颜永驻"。与此同时，她带领团队一起完成了《濒危珍贵文物信息的计算机存贮与再现系统》《全数字摄影测量在莫高窟文物保护中的应用研究》《敦煌文物资源对当地经济发展的国内贡献》等 30 多项运用现代科学技术保护文物的研究课题。

　　在其自传《我心归处是敦煌》一书中，樊锦诗坦言，敦煌莫高窟壁画数字化试验开始的初步效果，以及 1992 年联合国教科文组织启动的"世界记忆工程"，促使自己认识到敦煌石窟数字化的意义所在，不仅要永远保存敦煌石窟艺术的历史信息，而且还要用于向公众展示文化遗产。于是，她提出"永久保存、永续利用"莫高窟的想法。应该说，"数字敦煌"历史信息保存和利用理念的最终形成，是莫高窟保护发展理念跟随科技发展步伐的结果。

　　"数字敦煌"概念从提出到具体实施 30 多年来，随着数字技术不断更新迭代，越来越多的人投入数字保护工作，"数字敦煌"在今天变成了现实。敦煌石窟数字保护成果丰硕，截至 2023 年 12 月，已经完成 290 个洞窟数字化采集；179 个洞窟壁画图像处理；

45 身彩塑和 7 处大遗址的三维重建，形成了超过 300T 的数字资源。2014年，莫高窟数字展示中心落成，莫高窟得以"永久保存，永续利用"。

樊锦诗时刻牢记身上的光荣使命、牢记肩上的重担，背负着全国人民对于敦煌文化的向往和热爱。在她的倡导下，敦煌研究院在中国文化遗产地中率先开展游客承载量研究，建成了莫高窟数字展示中心，实行"总量控制、网上预约、数字展示、实地看窟"的莫高窟旅游开放新模式，实现了文物保护和旅游开放的双赢。游客可以先观看数字电影，了解莫高窟的前世今生，再前往洞窟领略千年前古人留下的慧心妙笔。

我国世界文化遗产总数位居世界第二。国际上同时符合世界文化遗产全部 6 项标准的遗产地只有 3 处，莫高窟是其中之一。

习近平总书记非常理解以樊锦诗为代表的文物工作者，在长期保护工作中的巨大付出和牺牲，时刻关怀激励着中华优秀传统文化薪火相传。

"一个国家多少人、多少事，总书记却知道我是研究敦煌学的，真令人感佩不已。"樊锦诗感慨万分。从北京到敦煌，在不同场合，习近平总书记同"敦煌女儿"樊锦诗数次握手交谈，并且勉励她把莫高窟保护好是"中华民族为世界文明进步应负的责任"[1]。

"敦，大也；煌，盛也。"敦煌文化延续近两千年，是世界现存规模最大、延续时间最长、内容最丰富、保存最完整的艺术宝库，是世界文明长河中的一颗璀璨明珠，也是研究我国古代各民族政治、经济、军事、文化、艺术的珍贵史料。人们都知道敦煌研究院名誉院长樊锦诗事迹感人、荣誉等身，但她在多个场合反复说："国家把这么重要的遗产交给我们，我们要对得起国家，对得起人民，对得起历史。能为莫高窟做事，是我的幸运。"

---

[1]习近平总书记 2019 年 8 月 19 日在敦煌研究院座谈时的讲话。

🔔 反思和启示

　　樊锦诗数十年扎根荒漠，守护莫高窟的文物与精神财富，背后更凝聚着对民族文化安全的捍卫。外部势力对敦煌历史的曲解和商业滥用，提醒我们文化安全不仅是文物修复，更是对中华价值体系和叙事权的守卫。青年群体要懂得：优秀传统文化蕴含民族自信和凝聚力，错误解读或恶意利用会影响国家形象。我们应积极学习中华文化，理性对待多元思潮，筑牢文化自信之基。唯有内外兼修，共同奋斗，方能让历史瑰宝历久弥新，让民族文化挺立于世。

📖 小贴士

　　文化安全与文明交流互鉴。党的二十大报告指出，"深化文明交流互鉴，推动中华文化更好走向世界"。中华文明具有突出的包容性，吸收外来文化，就要在保持对中华文化的自信和定力的前提下，大胆吸收借鉴人类创造的一切优秀文明成果，为铸就中华文化新辉煌、保持中华文化生命力提供源源不断的养料。要加快构建中国话语和中国叙事体系，努力传播中国特色社会主义核心价值观，加强对中国道路、中国制度、中国经验、中国理论的提炼和阐释，拓展对外传播平台和载体，把中国特色社会主义核心价值观贯穿国际交流和传播的方方面面，增强国际社会对中国特色社会主义核心价值观的客观评价和积极认同。

《维护国家文化安全》

选自天津市新时代大学生国家安全主题艺术作品大赛优秀作品集

学　　校：天津美术学院

作　　者：李文相

指导老师：李东泽

国安 PEACEFUL CHINA 2024 | 平安中国 贯彻总体国家安全观

梅 瓶

美人肩瓶

尊式瓶

琮 瓶

弘 扬 传 统 文 化 , 维 护 文 化 安 全

国家安全是民族复兴的根基，社会稳定是国家强盛的前提。党的二十大报告强调"推进国家安全体系和能力现代化，坚决维护国家安全和社会稳定"，明确提出"建设更高水平的平安中国"。

《平安 · 国安》

选自天津市新时代大学生国家安全主题艺术作品大赛优秀作品集

学　　校：天津美术学院

作　　者：南雅雯　黄　鸢

指导老师：高　山

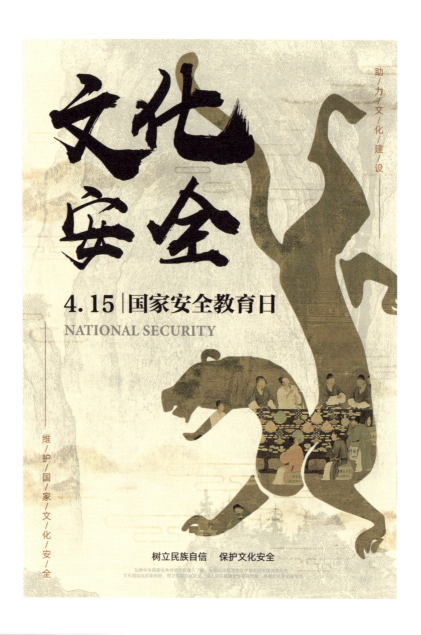

《虎符传承，文化永固》

选自天津市新时代大学生国家安全主题艺术作品大赛优秀作品集

学　　校：天津美术学院

作　　者：马婧妍

指导老师：杨申茂　赵　震

　　社会安全是指防范、消除、控制直接威胁社会公共秩序和人民群众生命财产安全的治安、刑事、暴力恐怖事件以及规模较大的群体性事件等，维护社会秩序和保护社会安宁的状态，以及保障、维护和塑造持续安全状态的能力。社会安全与人民群众切身利益息息相关，主要包括社会治安维护、自然灾害和灾难事故应对、公共卫生事件应对、社会舆情治理等。

社会安全

维护社会安全有哪些主要任务？

坚持和加强党的全面领导，是提升社会安全治理现代化水平的根本保障，同时国家要健全有效预防和化解社会矛盾的体制机制，健全公共安全体系，积极预防、减少和化解社会矛盾，妥善处置公共卫生、社会安全等影响国家安全和社会稳定的突发事件，促进社会和谐，维护公共安全和社会安定。

国家安全故事

寻子之路

冬至是北半球一年之中黑夜最长的一天，窗外北风呼啸，给这个漫长的冬夜平添了一分萧索。

陈东左右晃了晃酸痛的脖颈，随即传来"咯吱"一声脆响。旁边温华听见了，开玩笑道："东哥，你这颈椎也不行了啊。"

"唉，没辙，就咱这工作强度，颈椎能好才怪呢。"陈东抬头看了看墙上的钟表，已经快晚上9点了，"小温啊，你快走吧，你刚结婚，别让老婆天天晚上等你，查案子也不能这么拼命，明天再说吧。"

"这就准备走了，"温华站起身伸了伸腰，看旁边陈东没有结束的意思，又问道，"东哥，你还不走吗？"

　　"我再看看吧，回家也是一个人，跟在局里一样。"陈东摆摆手，继续把头埋进卷宗里。

　　"好吧，那你记得吃晚饭啊，一个人更要注意身体。"

　　"放心吧，我一会儿去门口张大爷那里吃点儿。"陈东答应道。

　　"今天这么冷，又这么晚了，张大爷都收摊了吧？"温华边收拾东西边问。

　　"应该在吧，我一会儿出去看看。"陈东抬头看了看窗外，北风呼啸，转头道，"甭担心了，你快回家吧。"

　　"得嘞，那我走了。"温华摆摆手。

　　"明天见。"办公室里，现在就只剩下陈东一个人了。

　　专心工作的时候还不觉得饿，被温华一提醒，陈东只觉得肚子咕噜咕噜地响，是该吃点儿东西了。陈东穿上外套，拿上手机，起身走了出去。

真冷啊！北方冬夜的冷是刺骨的，风从四面八方裹挟而来，给刚出大门的陈东扑了个措手不及，心想，也不知道张大爷收摊了没有。

走出公安局大门，向旁边走不到十米，陈东看见一个亮着灯光的小摊，于是快步走过去，说了一句："张大爷，这么冷的天，还没收摊啊？"

坐在餐车后面裹着军大衣看起来已经六十多岁的男人闻言站起来，笑着说："陈警官，是不是又没吃饭啊？我要是收摊了，你不就饿肚子了。"边说，边打开了火，"还是跟以前一样吧？火腿炒饭加个煎蛋。"

"没错，谢谢您！"陈东低头走进餐车后面用塑料布围起来的一个小空间，正中间放着一个炉灶用来取暖，虽然炉火的温度在寒冷的冬夜里只是杯水车薪，却可以温暖这一方简陋的小空间，陈东一边伸出手靠近炉子取暖，一边说："张大爷，一会儿您早点儿回家吧，这么冷，您在外面容易冻坏了身子。"

"嗯，等你吃完我也就收摊了，快十点了，也没什么客人了。"张大爷动作麻利，不一会儿就端上来一大碗热腾腾的炒饭。

这会儿没有其他人来，张大爷就在陈东旁边坐下了，看着陈东狼吞虎咽的样子，张大爷笑笑，说："慢点儿吃，孩子。"又起身给陈东倒了杯白开水，递给他，说："喝点儿水，孩子，别噎着了。"

陈东赶紧双手接过来，喝了口水，感觉身子都暖和了。他跟大爷聊起了家常："大爷，您家里孩子现在多大了啊？"

张大爷抬头想了想，又伸出手指算了算，说："我儿子如果还在的话，今年该33岁了，应该跟你差不多大了。"

"嗯？"陈东停下筷子，疑惑地看着大爷。

张大爷捏了捏手指，裹紧了军大衣，慢慢道："他刚上幼儿园没多久就被拐走了，我们找了好久都没有下落，这么多年，也不知道他在哪里。"而后张大爷认真地看了看陈东的脸，慢慢地说："别说，小陈警官你跟我儿子长得还挺像。"

陈东愣了愣，有点儿懊悔提起这个话题，低下了头。

"没事，孩子。"张大爷微微笑了笑，"都过去二十多年了，我都放下了。"

真的放下了吗？陈东低头又默默吃了几口饭，想转移一下话题，说："大爷，您做的炒饭真好吃。"

"哈哈，是吗？我老伴儿也喜欢吃我做的炒饭，每次都能吃一大碗，还是她鼓励我出来摆摊卖炒饭呢。"

陈东抬头看看四周，问："怎么没见大妈呀？太冷了先回家了吗？"

张大爷又低头捏了捏手指，说："唉，是啊，回家了。老伴儿去年就走了。"

陈东内心默默骂自己，怎么哪壶不开提哪壶呢。"大爷，不好意思啊，"陈东局促地说，"我不该问的。"

"真没事，孩子。"张大爷拍了拍陈东的肩膀，叹了口气，"这些年我们俩东奔西走地找孩子，老伴儿的身体也一年不如一年，去年冬天没能熬过去，先我一步走了。"

陈东想到自己这段时间正在查的案子也是跟拐卖儿童相关的，又问道："大爷，您有孩子的照片吗？"

"有、有、有。"张大爷说着解开军大衣，又拉开里面衣服的拉链，伸手进去掏了掏，摸出一张照片递给陈东，说："这是我儿子上幼儿园时的照片，当时还没有手机，也就只有这么几张了。"

陈东抽了张纸巾擦擦手，双手接过照片，相纸已经泛黄，可以看出是被握在手里抚摸了很多遍，相片里一个穿着开裆裤的小男孩抱着一个大皮球，球看起来有点儿重，比孩子稚嫩的身子还宽，但孩子的脸上依然露出开心的笑容。陈东说："您儿子长得真俊，长大一定是个大帅哥。"

张大爷笑了笑："以前街坊四邻都这么说。"

"我能拍下来吗？"陈东问。

"当然可以，孩子。"

陈东掏出手机，拍照后还给张大爷："我最近也在查一起拐卖儿童的案子。"

"是吗？"张大爷接过照片，慎重地放回贴身的口袋里，"陈警官，你一定要好好查啊，这些不法分子太丧尽天良了，一定要把他们抓住，给他们判刑！"

"嗯！我一定会努力的。"陈东握了握张大爷的手。经年风霜的雕刻，老人的双手已经满是老茧，但此刻握着陈东的手又是那么有力。透过这双手陈东仿佛看到大爷内心对重新见到孩子的期盼和渴望，他觉得自己肩上的担子格外沉重。

数九寒天，日子在一天天地过去，陈东依然经常加班办案，也成了张大爷小吃摊的常客。陈东喜欢跟张大爷聊天，张大爷也时常提起过往的寻亲经历。原来张大爷和他的老伴儿之前都是老师，孩子丢了后，两人都辞去了工作，东奔西走地寻找孩子的下落，但很多年过去了都没有结果。两位老人的身体也渐渐吃不消了，所以，他们又回到了这里，在路边经营着这个小吃摊。

张大爷嘴上说着放下了，但陈东经常看见他静静坐着拿出儿子的照片反复看，真正放下，哪有那么容易。经营这个小吃摊想来也是希望儿子如果找到回家的路，能一眼就看见那盏点亮的灯吧。

陈东经手的跨地区儿童拐卖案，在他和同事们几十个昼夜废寝忘食的查证后，终于在春节前锁定了犯罪嫌疑人的踪迹和被拐卖儿童的去向。

在犯罪嫌疑人被公审这天，陈东提前给张大爷发了信息，邀请他来庭审现场旁听。

这天早上，张大爷特意穿上了正式的衣服，陈东在法院门口见到张大爷的时候都有点儿意外，说"大爷，您今天穿得好精神呀。"

张大爷笑着说："我这还是第一次参加庭审，不能给你丢面子。"

陈东带着张大爷进入庭审现场，在后排落座，张大爷看到前排都坐满了人。

陈东在他耳边悄声说："这都是这次案件被拐卖孩子的亲属。"

张大爷点点头，眼眶里似是有泪水在打转："真羡慕他们啊，他们是幸运的。"

陈东也拍了拍张大爷的后背，安抚道："大爷，您也一定会等到这一天的。"

根据警方的查证，犯罪嫌疑人犯罪事实清楚，证据确凿，依据《中华人民共和国刑法》第二百四十条，法院最终判决为首的犯罪分子无期徒刑并处没收财产。

听到法官的宣判后，张大爷热泪盈眶地握紧陈东的手，长出一口气，说道"小陈啊，谢谢你！"而后默默擦掉了眼泪，慢慢走出了审判庭。

陈东跟在张大爷身后也走出来，走下法院门前的台阶时，陈东开口问道："大爷，过几天就是除夕了，您这两天还摆摊吗？"

张大爷回过身，抬头看着陈东，点点头说道："只要你们还上班，

我就会一直开下去，不能让为人民奔波的你们饿肚子。"

陈东走下台阶，紧紧抱住张大爷："谢谢您！大爷，请您相信我们，我们一定会找到您的儿子的。"

"我相信！你们一定会的。"张大爷也用力回抱住陈东，泪水再一次夺眶而出。

冬日暖阳洒在二人相拥的身影上，相信，只要熬过漫长的冬天，春天一定会如约而至。

🔔 反思和启示

社会安全关乎每个人的日常生活，从社区治理到公共卫生、反恐防暴等各方面都需要全社会共同努力。故事中，少数不法分子妄图制造混乱，告诉我们社会安全不仅仅是警察或政府的事，更需要公民自觉参与。及时举报可疑线索，防范电信诈骗，遵守公共秩序，这些看似平凡的小行动，却能汇聚成保障社会平安的大力量。青年人更应强化责任意识，团结互助，让整个社会形成守望相助的氛围，实现真正的安定与和谐。

📖 小贴士

《中华人民共和国刑法》第二百四十条【拐卖妇女、儿童罪】

拐卖妇女、儿童的，处五年以上十年以下有期徒刑，并处罚金；有下列情形之一的，处十年以上有期徒刑或者无期徒刑，并处罚金或者没收财产；情节特别严重的，处死刑，并处没收财产：

（一）拐卖妇女、儿童集团的首要分子；

（二）拐卖妇女、儿童三人以上的；

（三）奸淫被拐卖的妇女的；

（四）诱骗、强迫被拐卖的妇女卖淫或者将被拐卖的妇女卖给他人迫使其卖淫的；

（五）以出卖为目的，使用暴力、胁迫或者麻醉方法绑架妇女、儿童的；

（六）以出卖为目的，偷盗婴幼儿的；

（七）造成被拐卖的妇女、儿童或者其亲属重伤、死亡或者其他严重后果的；

（八）将妇女、儿童卖往境外的。

拐卖妇女、儿童是指以出卖为目的，有拐骗、绑架、收买、贩卖、接送、中转妇女、儿童的行为之一的。

《致敬平凡英雄》

选自天津市新时代大学生国家安全主题艺术作品大赛优秀作品集

学　　校：天津美术学院

作　　者：赵晓嵩

指导老师：田　帅　岳　杨

《家安·社安·国安》

选自天津市新时代大学生国家安全主题艺术作品大赛优秀作品集

学　　校：天津美术学院

作　　者：南雅雯

指导老师：高　山

《国家安全　关乎你我》

选自天津市新时代大学生国家安全主题艺术作品大赛优秀作品集

学　　校：天津中德应用技术大学

作　　者：褚　楚

指导老师：张乐怡

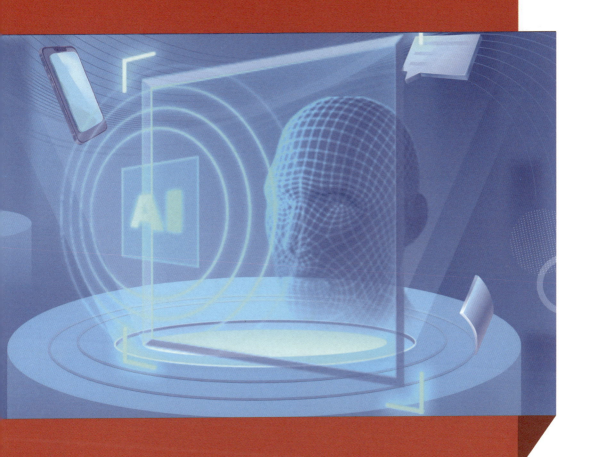

科技安全是指国家科技体系完整有效，国家重点领域核心技术安全可控，国家核心利益和安全不受外部科技优势危害，以及维护科技持续发展的能力。具体来说，科技安全包括科技人才安全、科技设施设备安全、科技活动安全、科技成果应用安全等方面。

科技安全

维护科技安全有哪些主要任务？

加强科技体系建设与能力建设，完善国家创新体系，提高创新体系整体效能。

加快补短板，建立自主创新的制度机制优势。

加强重大创新领域战略研判与前瞻部署，抓紧布局国家实验室，重组国家重点实验室体系，建设重大创新基地和创新平台，完善产学研协同创新机制。

强化事关国家安全和经济社会发展全局的重大科技任务的统筹组织，强化国家战略科技力量建设。

加快科技安全预警监测体系建设，围绕人工智能、基因编辑、医疗诊断等领域，加快推进相关立法工作。

国家安全故事

福建舰的电磁弹射奇迹

在我国海军快速发展的时代背景下，福建舰的建造成了国家军事现代化进程的重要标志。作为中国首艘采用电磁弹射技术的航母，福建舰不仅蕴含着先进的军事科技，还承载着国家海洋强国的美好愿景。

近年来，随着国际形势的变化，尤其是美国等国家对中国实施技术封锁，中国在许多关键领域面临着巨大的压力和挑战。为了打破封锁，提升自主创新能力，中国在航母技术、军用飞机及其他军事装备方面加速研发，以期实现从"跟跑者"到"并跑者"，再到"领跑者"的跨越。

在这一背景下，福建舰的科研团队肩负重任，努力攻克电磁弹射这一技术难关。电磁弹射技术

相较于传统的蒸汽弹射系统，能够实现更高的发射效率和更低的能耗，是现代海军航母的重要标志。

在一个阳光明媚的上午，福建舰科研团队的成员们聚集在基地的会议室里，正讨论着电磁弹射技术的最新进展。会议室的墙上挂满了福建舰的模型和各类技术图纸，空气中充满了浓厚的研究氛围。

李工，福建舰的工程师，站在白板前，面露微笑。他的声音坚定而富有激情："各位，经过这几年的努力，我们终于实现了电磁弹射的突破！短短九年，我们走完了美国走了九十一年的路，这不仅是技术的胜利，更是我们团队团结与坚持的结果。"

作为项目的核心技术人员，坐在旁边的王博士也激动地回应："李工，这样的成就真是令人振奋！我们面临美国的技术封锁，但正是这样的挑战，激励着我们不断创新。我们绝不能被打倒！"

会议室里，团队成员们纷纷点头，信心满满。年轻的工程师张建成充满好奇地问："我们是如何在这么短的时间内取得这么大的进展的呢？"

李工抬起头，眼中闪烁着智慧的光芒："这要归功于我们团队的共同努力和对技术的不断探索。在面对困难时，我们没有退缩，而是选择了迎难而上。电磁弹射技术的成功，离不开每一个人的付出。"

此时，团队中经验丰富的工程师老陈语重心长地说："我们要时刻保持清醒，面对技术封锁，我们需要更加努力，才能在未来的竞争中立于不败之地。"

大家的情绪被老陈的话点燃，纷纷表达自己的决心。会议室里的气氛变得异常热烈，大家都意识到，这不仅仅是一项技术的突破，更是国家实力的象征。

随着时间的推移，福建舰的电磁弹射技术逐渐成熟。李工和他的团队在一次次的实验中，经历了无数次的失败与挫折，但他们始终没有放弃。每一次失败，都是下一次成功的铺垫。

这天下午，团队正在进行最后的测试。李工紧张地盯着显示屏，心中默默祈祷。随着一声清脆的指令，电磁弹射系统启动，航母上的战斗机顺利发射，整个团队瞬间沸腾了！

"成功了！我们做到了！"王博士高兴地大喊，众人欢呼雀跃，仿佛所有的辛苦与付出在这一刻都得到了回报。

此时，李工站在一旁，心中感慨万千。他想起了这九年

来的点点滴滴，技术封锁的压力，团队成员的不懈努力，以及国家对他们的期望。他深知，这不仅仅是他们个人的成就，更是为国家争光的重大时刻。

"今天我们不仅实现了电磁弹射的成功，更重要的是，我们以实际行动告诉世界：无论面临怎样的挑战，我们都能在科技上实现'弯道超车'！"李工的声音响亮且坚定，激励着每一名团队成员。

随着福建舰电磁弹射技术的成功，我国在航母领域的地位得到了显著提升。面对技术封锁，团队用实际行动证明了中国人的创新能力与决心。

随着全球科技竞争的加剧，各国在科技领域的博弈日益明显，尤其是在军事和关键基础设施方面。面对技术封锁和外部挑战，中国愈加意识到科技安全的重要性。福建舰作为国家海军实力的象征，其电磁弹射技术的成功开发，正是国家科技安全战略的具体体现。

　　福建舰的成功不仅在于技术本身，更在于它所代表的国家安全意识的提升。通过自主研发和创新，中国逐步摆脱对外部技术的依赖，增强了我国在国际舞台上的话语权。这样一来，国家安全也得到了进一步保障。

　　随着电磁弹射技术的成熟，福建舰的部署不仅能增强海军的战斗力，还将为国家提供更强的海洋安全保障。面对日益复杂的国际局势，国家在科技安全方面的持续投入，意味着中国在保护国家利益、维护国家安全方面的决心与能力。

🔔 反思和启示

科技是国家发展的强大引擎，亦关乎安全与未来。我们要警惕商业合作中的"霸王条款"和"数据后门"，同时要建立完善的法律法规与创新生态，确保核心技术牢牢掌握在自己手中。青少年作为未来科技创新的主力，更要锻炼科学思维，重视原创研发，培养跨学科合作能力。只有守好科技安全底线，才能赢得世界竞争与民族复兴的先机。

📖 小贴士

《中华人民共和国科学技术进步法》于 1993 年开始实施，2021 年 12 月 24 日第十三届全国人民代表大会常务委员会第三十二次会议进行了第二次修订，于 2022 年 1 月 1 日起施行。该法的修订对推动我国科技治理现代化，加快实现高水平科技自立自强，建设世界科技强国具有重要意义。该法修订后共 12 章 117 条，主要包括：突出完善国家创新体系、加强关键核心技术攻关、强化科技人员权益保障和责任义务、强化基础研究、突出区域科技创新发展、加大国际科技开放合作力度及完善科技监管管理等制度内容。

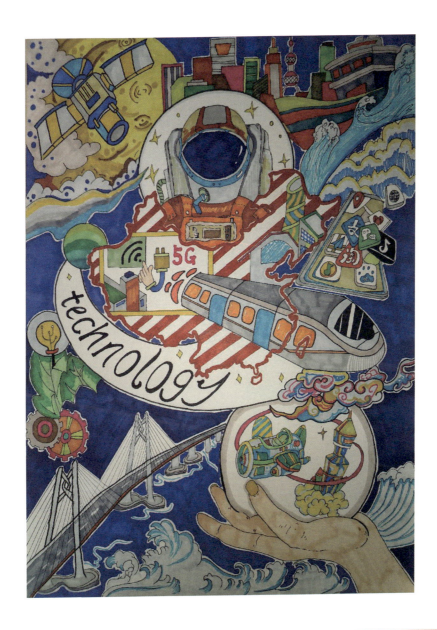

《新时代科技力量》

选自天津市新时代大学生国家安全主题艺术作品大赛优秀作品集

学　　校：天津电子信息职业技术学院

作　　者：苏彦文

指导老师：王　爽

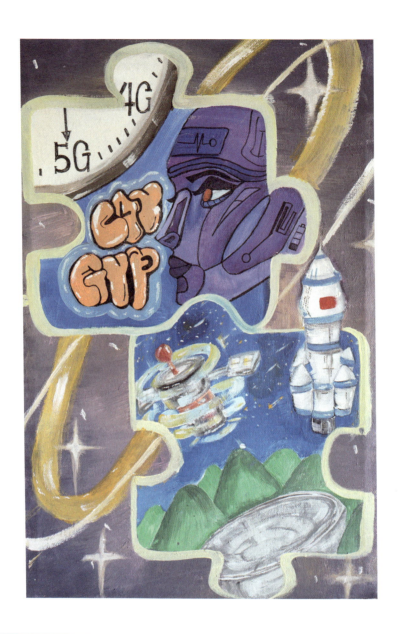

《照耀》

选自天津市新时代大学生国家安全主题艺术作品大赛优秀作品集

学　　校：天津工业大学

作　　者：宋涩然

指导老师：周佳琪

网络安全是指采取必要措施，防范对网络的攻击、侵入、干扰、破坏和非法使用及意外事故，使网络处于稳定可靠运行的状态，以及保障网络数据的完整性、保密性和可用性的能力。

网络安全

维护网络安全有哪些主要任务？

《中华人民共和国国家安全法》第二十五条规定，国家建设网络与信息安全保障体系，提升网络与信息安全保护能力，加强网络和信息技术的创新研究和开发应用，实现网络和信息核心技术、关键基础设施和重要领域信息系统及数据的安全可控；加强网络管理，防范、制止和依法惩治网络攻击、网络入侵、网络窃密、散布违法有害信息等网络违法犯罪行为，维护国家网络空间主权、安全和发展利益。

国家安全故事

揭开黑客帝国的虚伪面纱

2022年4月，在西北工业大学网络安全部门工作的小刘接到多起报告，学校电子邮件系统出现一批以科研评审、答辩邀请和出国通知等为主题的钓鱼邮件，内含木马程序，引诱部分师生点击链接，非法获取师生电子邮箱登录权限，致使相关邮件数据出现被窃取风险。同时，部分教职工电脑也存在遭受网络攻击的痕迹。

小刘马上向信息安全中心宋主任报告了学校网络大面积遭受网络攻击，出现大量木马程序企图非法获得权限的情况。

宋主任听到这一讯息后立即汇报给校领导，并指示小刘："立即报警，切断受到攻击的信息系统和终端网络，中断与外界联系。"

"好的，我马上落实。"小刘迅速而果断地回答。

"配合警方调查提取网络中的木马样本，尽快立案。"宋主任沉吟了一下，"国家计算机病毒应急处理中心和360公司也一并报告，请他们帮忙处理。"

"好的，明白。"主任沉着稳定的语气，给了小刘不少信心。

就这样，在公安部门和安全技术团队的通力协作下，警方先后从西北工业大学多个信息系统和上网终端中提取到了4个类型（漏洞攻击突破类武器、持久化控制类武器、嗅探窃密类武器、隐蔽消痕类武器），涉及多达41种专用网络攻击装备。

经过技术分析和攻关，安全技术团队发现攻击者在西北工业大学内部渗透的攻击链路多达1100余条，操作的指令序列90余个。安全技术团队综合使用国内现有数据资源和分析手段，并得到欧洲和南亚部分国家的通力支持，初步判定相关攻击活动源自美国国家安全局（NSA）下属的"特定入侵行动办公室"（TAO）。该部门成立于1998年，其力量部署主要依托美国国家安全局在美国和欧洲的各密码中心。美国国家安全局针对西北工业大学攻击窃密行动的负责人是罗伯特·乔伊斯。

此人 1967 年 9 月 13 日出生，1989 年进入美国国家安全局工作，曾经担任过 TAO 主任，现担任美国国家安全局网络安全主管。

在案情分析会上，西安市公安局碑林分局的一位负责人说："西北工业大学承担着国家众多重要的科研项目，地位十分重要，网络安全特别关键，所从事的又是敏感科学研究。因此，成为美国国家安全局旗下 TAO 网络攻击的目标也丝毫不让人感到意外。"

来自 360 团队的网络安全专家边亮接过话头："经过分析，在攻击前期，一些侦察模块在侦察后发现网络环境中有它需要的有价值信息，攻击者会根据自己的需要定制化武器的攻击和投放。"

小刘听完解释，心中恍然大悟："选择好目标，渗透控制，隐蔽潜伏，伺机待发。"

这时，另一位来自 360 公司的专家说："根据这些天取得的证据，这次 TAO 在攻击中，为了掩盖其真实攻击来源，事先控制了中国周边 17 个国家中的 54 台跳板机和代理服务器。其中，用来掩盖他们真实 IP 的跳板机都是精心挑选的，所有 IP 均归属于非'五眼联盟'国家。但不过 TAO 无论如何变换手法，都改变不了美国才是'黑客帝国'的事实！"

安全技术团队通过溯源技术发现，为了搭建跳板机，TAO 秘密成立了两家掩护公司，购买了埃及、荷兰、哥伦比亚等地的 IP 并租用一批服务器，使用虚拟身份或者代理人的身份去租用和购买互联网上的这种服务器，通过网络攻击的手段，在第三方不知情的情况下对目标发动网络攻击。

"借刀杀人！？"小刘几乎脱口而出。

"是的，追查他们发动的网络攻击结果是指向无关联国家的无关人员，以便掩饰他们对我们发动的多轮持续攻击和窃密行动。"国家病毒应急处理中心的高级工程师杜振华解释道，"从受害者角度来看，这些攻击都来自跳板机，TAO 躲在这些跳板机的后面进行发动。"

"有了这些手段，相当于有了互联网当中的万能钥匙一样，它可以任意进出它想要攻击的目标设备，从而进行情报的窃取或者进行破坏。"360 公司的网络安全工程师补充道。

在查明攻击的步骤和方式方法后，安全技术团队人员经过溯源还发现了一些细节：发出攻击指令的人用的键盘是"美式键盘"；技术人员交流时经常使用的是"美式英语"；发起攻击的作息时间刚好符合美国工作作息时间规律（包括美国独有节假日期间均未发动攻击）……安全技术团队经过持续攻坚，又成功锁定了 TAO 对西北工业大学实施网络攻击的目标节点、多级跳板、主控平台、加密隧道、攻击武器和发起攻击的原始终端，发现了攻击实施者的身份线索，并成功查明了 13 名攻击者的真实身份。

2022 年 9 月，安全技术团队的报告中指出：TAO 此次所采用的网络攻击技战术针对性强，使用半自动化攻击流程，单点突破、逐步渗透、长期窃密，共分为四个步骤。

第一步，踩点潜伏：单点突破、级联渗透，控制西北工业大学内部网络。

TAO 使用"酸狐狸"平台对西北工业大学内部主机和服务器实施中间人劫持攻击，部署"怒火喷射"远程控制武器，控制多台关键服务器。利用木马级联控制渗透的方式，向西北工业大学内部网络深度渗透，最终达成了对西北工业大学内部网络的隐蔽控制。

第二步，隐身控制：隐蔽驻留、"合法"监控，窃取核心运维数据。

TAO 将作战行动掩护武器"精准外科医生"与远程控制木马"NOPEN"配合使用，实现进程、文件和操作行为的全面"隐身"，长期隐蔽控制西北工业大学的运维管理服务器，TAO 远程"合法"监控了一批网络设备和互联网用户，为后续对这些目标实施拓展渗透提供数据支持。

第三步，窃密控制：搜集身份验证数据、构建通道，渗透基础设施。

TAO 通过窃取西北工业大学运维和技术人员远程业务管理的账号口令、操作记录及系统日志等关键敏感数据，掌握了一批网络边界设备账号口令、业务设备访问权限、路由器等设备配置信息、FTP服务器文档资料信息，实现了对中国基础设施的渗透控制。

第四步，打包回传：控制重要业务系统，实施用户数据窃取。

TAO 通过掌握的中国基础设施运营商的思科 PIX 防火墙、天融信防火墙等设备的账号口令，利用"魔法学校"等专门针对运营商设备的武器工具，锁定了一批中国境内敏感身份人员，并将用户信

息打包加密后经多级跳板回传至美国国家安全局总部。

2022年9月，我国外交部就美国对我西北工业大学实施网络攻击窃密向美国驻华使馆提出严正交涉。并指出，中国国家计算机病毒应急处理中心和360公司发布美国国家安全局下属部门对中国西北工业大学实施网络攻击的调查报告，有关事实清清楚楚，证据确凿充分。这不是美国政府第一次对中国机构实施网络攻击和窃密敏感信息。美方行径严重侵犯中国有关机构的技术秘密，严重危害中国关键基础设施、机构和个人信息安全，必须立即停止。

小刘全程参与了此次调查取证，作为网络安全团队的一员，他通过这件事明白了一个道理：信息化设备从安装的那一刻起便拉开了网络攻防的序幕，网络空间早已经成为无形的战场，进行了无数次无硝烟交锋。防患于未然要比亡羊补牢重要得多，我们每个人都是国家网络安全的组成部分。

🔔 反思和启示

在数字化时代，网络既是沟通世界的桥梁，也可能成为犯罪滋生的温床。故事中的黑客攻击、网络诈骗，或舆论操纵，都揭示了网络安全的脆弱性与重要性。青年人每天离不开手机、电脑，更需提高防范意识：不随意点击陌生链接，不传播不实谣言，注重个人信息保护。国家层面要加强关键基础设施防护与技术攻关，社会也应共建清朗网络空间。只有个人、社会与国家协同努力，才能使互联网真正成为便民利民、促进发展的安全平台。

小贴士

　　帮助信息网络犯罪活动罪（简称"帮信罪"）是 2015 年 8 月《中华人民共和国刑法修正案（九）》增设的一个罪名，2015 年 11 月 1 日开始施行，主要指行为人明知他人利用信息网络实施犯罪，为其犯罪提供互联网接入、服务器托管、网络存储、通讯传输等技术支持，或者提供广告推广、支付结算等帮助的犯罪行为。2019 年后，"帮信罪"案件有逐渐增多趋势。从全国检察机关 2021 年 1 月至 9 月的主要办案数据看，因"帮信罪"被起诉的人数已达 7.9 万余人，比 2020 年同期增长 21.3 倍。2021 年全年"帮信罪"起诉人数已居于所有刑事犯罪案件的第 3 位（前两位分别为危险驾驶罪、盗窃罪），成为整个电信网络诈骗犯罪链条上的第一大罪名，几乎涉及了电信网络诈骗犯罪链条中信息获取、推广引流、技术支持、场所提供、支付结算等各个环节。帮信犯罪多数与出借"两卡"有关，即出借个人银行卡、电话卡的行为，如明知他人利用信息网络实施犯罪，仍为他人提供银行卡或微信账号等用于收取犯罪所得。

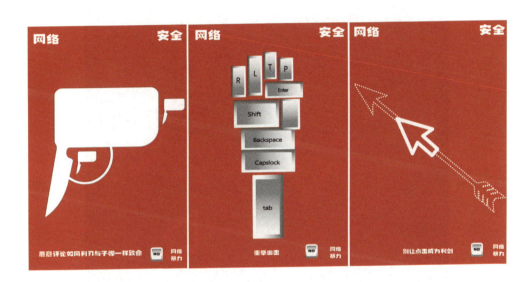

《重拳出击》

选自天津市新时代大学生国家安全主题艺术作品大赛优秀作品集

学　　校：天津美术学院

作　　者：张青青

指导老师：连维健

《勿上钩》

选自天津市新时代大学生国家安全主题艺术作品大赛优秀作品集

学　　校：天津美术学院

作　　者：隋月昕

指导老师：郭振山

根据联合国粮农组织（FAO）在 2008 年的
最新定义，粮食安全是指保证任何人在任何时候
能买得到又能买得起为维持生存和健康所必需的
足够食品，并且这种状态是具有稳定性的。这个
概念强调粮食安全的可供给性、可获取性、效用
性（即食品可以达到保证个体营养的效果）及稳
定性（在任何情况下都有充分的粮食保障）。

粮食安全

维护粮食安全有哪些主要任务？

民为国基，谷为民命。党的十八大以来，以习近平同志为核心的党中央把粮食安全作为治国理政的头等大事。习近平总书记2020年10月29日在中共十九届五中全会第二次全体会议上的讲话提出了"要确保谷物基本自给、口粮绝对安全，确保中国人的饭碗牢牢端在自己手中"。确立了以我为主、立足国内、确保产能、适度进口、科技支撑的国家粮食安全战略，走出了一条中国特色粮食安全之路。

《中华人民共和国国家安全法》第二十二条明确指出，我国维护粮食安全的主要任务包括：国家健全粮食安全保障体系，保护和提高粮食综合生产能力，完善粮食储备制度、流通体系和市场调控机制，健全粮食安全预警制度，保障粮食供给和质量安全。

国家安全故事

一粒小种子，蕴含大战略

他在麦田里守望，让国人顿顿吃上白面馍

2024年6月，在堆满麦穗的客厅里，一位穿着短裤、打着赤膊坐在小板凳上，认真地用簸箕筛选着麦子，大臂和小臂被晒得黑白分明的"老农"上了热搜。他是河南科技大学农学院教授王林生，被网友亲切地称为"麦田里的守望者"。

王林生教授的故事，是从一个贫困的农村开始的。他的童年，是在黄土地上追逐着麦浪，是在烈日下与父母一同挥汗如雨。那时的他，心中种下了一个梦想：要让小麦的产量翻番，让老百姓不再挨饿，"要让大家顿顿都能吃上白面馍！"这个梦想，像是一粒种子，深深扎根他的心中，随着时间的流逝，逐渐发芽、生长。

　　1982年，17岁的王林生进入豫西农专学习，报考专业时第一志愿就是农学。从那时起，王林生的生活就开始围着麦子转。和其他试验不同，小麦育种离不开田间试验。一年时间里，王林生有一半时间都扎在地里。霜降时节，把每一粒试验种子单粒点播；夏收时，一株一株地拔下来，再手工脱粒；中间成长的过程也不能落下，王林生隔三岔五就要下田观察，记录生长情况。经常早晨五六点出门，晚上看不清麦子了才肯离开田地，在地里凑合着解决吃饭问题，也是常有的事。

　　大学毕业后，王林生没有选择繁华的城市，而是回到了生他养他的土地，将所学的知识化作实际行动。他的研究，不仅仅是为了学术的成就，更是为了农民的笑容和饭碗。在他的带领下，团队培育出了多个抗病性强、产量高的小麦新品种，其中"科大1026"更是通过了国家审定，成为农民心中的"致富种"。

王林生的微信头像是一株金灿灿的麦穗，微信昵称也以"小麦"为名，在他的微信朋友圈，曾发过这样一句话："为中国碗多装中国粮河南粮，无怨无悔！"

麦田里的守望者，不止王林生一人。

一生执着小麦安全，把"金种子"牢牢攥在国人手中

择一事，终一生。当老伙伴们都已退休在家，尽享含饴弄孙之乐，年

过七旬的郭进考带领助手冒着酷暑，还在马兰农场的选种圃中选取好的育种材料。

1971年，郭进考报考了农业学校。1973年农校毕业后，他被分配到石家庄地区农科所，定岗在小麦育种室。为寻找育种材料，向专家求教，郭进考和课题组人员常常昼夜兼程。只要有票就上火车，没座时一站就是几个小时。夜里困了，拿张报纸铺在别人座位下面，躺下去就是一觉。

他们的真诚感动了当时小麦科研界，40多位专家答疑释惑，100多位同行互通有无，倾囊相授500多份育种材料……

20世纪80年代，华北地区缺乏早熟丰产的小麦品种，河北种的小麦大多是山东的品种，当时称"泰山压顶"。为此，郭进考课题组确定了"抽穗早灌浆快实现早熟性，增加穗数提高丰产性，增强耐旱性提高广适性"的育种理念。

小麦育种是一项技术要求精细严谨的复杂工程，一个优良品种，从几百个、上千个原始材料选配杂交组合，经几代筛选，到审定推广，需要10年甚至更长时间。

在"冀麦26号"作为新品系进行对照试验时，遭遇雷雨天气。电闪雷鸣间，地里的人都往家跑，郭进考和课题组同事却往地里钻。豆大的雨滴劈头而至，对照田中百余个小麦品种在狂风中摇动，"泰山1号"倒了，"泰山4号"趴下了，许多品种匍匐在地……郭进考的眼睛盯紧田中的"冀麦26号"。功夫不负有心人！"冀麦26号"虽经风雨，却挺立未倒。当时普通小麦亩产只有二三百千克，而"冀麦26号"在大面积种植条件下，亩产400多千克，实现了小麦产量由中低产到中高产的跨越。

王林生、郭进考的育种之路并不孤独，还有许多人的身影在麦田中延伸。

刘建军，36年持续攻关，只为"迭代"小麦种子，育出全国第一大小麦品种；"农民教授"吉万全，育出陕西"最贵"的小麦种子；余松烈一生坚持教学、科研和生产三结合，为我国小麦持续增产发挥了重要的技术

支撑作用……

他们日复一日、年复一年的探索，彰显对"随势而动，育种成粮"初心的坚守，更是对"将饭碗牢牢端在我们自己手里"这一承诺的兑现。他们之所以将田间地头作为实验室、办公室，躬耕不辍，就是源于他们对种子的重要性的清晰认知。

种子是农业的"芯片"，连着的是"国之大者"

"一粒种子可以改变一个世界，一项技术能够创造一个奇迹。" 近年来，有了无数如王林生一样的"麦田里的守望者"，我们已建立了超级稻、矮败小麦、杂交玉米等高效育种技术体系，农作物自主选育品种面积占比超过95%。水稻、小麦、大豆全部为自主品种，玉米自主品种占90%以上。水稻、小麦两大口粮作物品种100%自给，农作物良种覆盖率达到96%以上，良种对粮食增产贡献率超过45%，实现了粮食生产基本用中国种子。

我国虽已做到"中国粮主要用中国种"，但在一些品种、环节和领域还存在种源"卡脖子"问题。如目前我国大豆、玉米受育种及栽培等因素影响，单产水平只有世界先进水平的60%左右。要真正实现中国碗主要装中国粮，中国粮主要用中国种，只靠上一辈人是远远不够的，还需要像他们一样的新生力量。青年学生应该像一粒粒种子，汲取营养，在祖国需要的地方生根发芽、茁壮成长。种子虽小，却是具有战略意义的"国之大者"。曾经的中国，通过一粒种子，改变了民众的生活。今天的中国，亦希望再通过一粒种子，让14亿人吃得更好，让中国的饭碗端得更牢！

🔔 反思和启示

"粮食稳，天下安。"粮食安全关乎生存与发展，更体现国家经济韧性和社会稳定。故事中，突发灾害或外部局势动荡让粮食供给受到威胁，提醒我们必须保持耕地红线意识，加强农业科技创新，防止外来病虫害入侵。青少年应从点滴做起：珍惜每一粒粮，关注国家粮食政策，积极了解现代农业技术。只有人人树立节约意识，国家持续投入科研与基础建设，才能筑牢粮食安全底线，为社会发展和人民福祉提供坚实保障。

小贴士

我国目前已经制定了一系列关于粮食安全的立法，除《中华人民共和国国家安全法》中关于维护粮食安全的规定外，2003年起施行的《中华人民共和国农业法》第五章用专章规定"粮食安全"问题，我国还于2023年12月29日通过了《中华人民共和国粮食安全保障法》。

《民以食为天》

选自天津市新时代大学生国家安全主题艺术作品大赛优秀作品集

学　　校：天津美术学院
作　　者：沈明航
指导老师：郭振山

《饭碗》

选自天津市新时代大学生国家安全主题艺术作品大赛优秀作品集

学　　校：天津科技大学

作　　者：张　涵

指导老师：乔金玄　孙　颖

生态安全是指一个国家赖以生存和发展的
生态环境处于不受或少受破坏和威胁的状态，
以及应对内外重大生态问题保障这一持续状态
的能力。它涉及保护自然生态系统不受污染、
破坏和恶化的影响，防止生物多样性丧失，维
护生态平衡和自然资源的可持续利用，确保人
类的生存环境和健康。

生态安全

维护生态安全有哪些主要任务？

《中华人民共和国国家安全法》第三十条规定，国家完善生态环境保护制度体系，加大生态建设和环境保护力度，划定生态保护红线，强化生态风险的预警和防控，妥善处置突发环境事件，保障人民赖以生存发展的大气、水、土壤等自然环境和条件不受威胁和破坏，促进人与自然和谐发展。

国家安全故事

斩断破坏生态环境的黑手

俗话说，"君子爱财，取之有道"。人民群众正常的生产活动，受到国家法规的支持和法律的保护。然而，总有那么一小撮人生态环境保护意识淡薄，他们动歪脑筋，钻监管、监督的空子，使得危害生态环境的违法犯罪活动屡禁不止。

生活在湖北省汉江边的周某银原是一名普通的渔民，靠捕捞汉江流域的淡水鱼类为生。2021年1月，作为长江干流的汉江流域开展了为期十年的禁渔，周某银不愿意加入政府提供的公益就业岗位，经常与同自己一样闲在家的退捕渔民打牌、喝酒、吹牛。

这一天，周某银吃过早饭又跟同村的几名牌友打牌时，其中一人把牌一推，说道："可恶哟，

我前两月赢的这几个钱，不到一个礼拜，都跑到你们仨口袋里咯，怕不是在合起伙算计我哟……"

"你说哪个？你自己运气差，手气臭，倒要怪我们咯？"

周某银眼见牌打不成了，拿起桌上的烟散给桌上正在争吵的两人，拿起打火机挨个点上，等他自己再从烟盒里掏的时候，发现刚好没有了。他索性使劲一捏，呱了呱嘴："莫吵嘛……一起打个牌，耍一下，别伤和气哟……"

随后，他弯腰捡起个烟屁股，点上，深深吸了一口，眯着眼跟桌上三人说："我总在想，汉江这么长，渔政是不可能看过来的。"

"我看总有巡查的，怕不好搞哟……"

"你笨哟，他巡查的时候，你一定要打渔？脑子坏掉了哟！"

"邻村好像有个小子，被抓住罚了不少，船和东西都收走了，只能去做别的了！"

周某银看着眼前的三个人你一句我一句，笑而不语，内心已经有了具体的想法。

他首先想到的就是电鱼器。电鱼器的原理是用设备将低压电流转变成高压电流，一旦将其释放到水中，鱼类被高压电流触及就会死亡。他通过网络非法渠道购置到手，并在卖家的建议下又买了些地笼网——电鱼的时候，把受惊的鱼驱赶进地笼网里，能提升效率。

当晚，趁着夜色，周某银开始行动了，第一次干便收获颇丰，一晚上搞了几十斤鱼。顾不上一宿的劳累，他开着车把鱼卖到了几十千米外的乡镇。赶上禁渔期，他的鱼在市场上很受欢迎。尝到甜头的周某银一方面为自己的"聪明才智"沾沾自喜，一方面他觉得一个人干效率太低，必须"招兵买马"。

这一天，他准备了好酒好菜，约上三个牌友一起边吃边聊。三个牌友看到一桌子好菜，马上展开话题：

"老周，可以啊，最近没少发财啊！？"

"什么老周，叫老板，周老板我敬你！"说着，一人端起眼前的酒杯一饮而尽。

"老周，晚上我们仨不和牌了，就让你高兴！"

周某银一边抽着烟，一边看着他们仨说笑，脸上一直带着似笑非笑的表情。烟快抽完了，他在桌上狠狠按灭烟头，端起酒杯，对着眼前三个人举了举，浅咂了一口道："我现在有个道，自己干不来，咱们合伙干吧？"

三人听了老周的话，就知道这事没那么简单，其中一个道："我就说，哪有突然拿出好酒好菜白招待人的事嘛……"

"老周，你说嘛，做事情挣钱，谁不想手头宽绰点儿呢……"

"你先听老周怎么说，发财的事若早轮上了，你还用在这干啥？！"

眼看时机差不多了，周某银也不再卖关子了，他把自己的想法

跟眼前三人说了，让他们分别去准备黏网、排钓、皮划艇等工具。

就这样，禁渔期给周某银团伙带来了快速发展时机。他们借助这些违法破坏生态环境的打鱼装备"暗度陈仓"，在那片江段没有任何竞争对手，周某银团伙很快就发展到了十几个人。

俗话说，"常在河边走，哪有不湿鞋"。一台遗落在岸边的电鱼机成为揭开周某银团伙的第一线索。公安机关接到举报，有人在市场上偷偷贩卖来自汉江的鱼类，有些可能还是国家保护鱼类。为此，公安机关请来了渔业专家，对市场上贩卖的渔获暗中进行拍照取证。经过专家辨认，不法团伙贩卖的鱼类中不乏大鲵、胭脂鱼等珍稀鱼类。

专家指出，长江流域主要经济鱼类性成熟年龄一般为3—5年，经过十年禁渔期，这些鱼可以得到2—3个世代的休养生息，这样才有可能形成长江水生生物种群规模持续恢复、生态系统健康运行的良性循环。长江

全面禁渔以来，鱼类资源量和生物多样性呈现恢复态势，但长江流域重点水域的水生生物完整性仍然处于较差等级（水生生物完整性指数分为六级，"较差"属于从好到坏的第四级）。

面对如此猖狂的严重违法犯罪行为，属地公安局高度重视，精心部署，派遣精干力量，根据群众提供的线索，计划采取蹲守的方式集中打击这伙违法分子。

这一天，和此前一样，趁着夜深人静、月黑风高，周某银与其同伙又来到汉江边。只见他压低声音对着同伙"布置"工作：

"那个谁，你们仨负责电；那个谁，你俩负责排钓、黏网；还有，你俩去收地笼。小心点，别弄出太大声音！"

话音未落，这伙人还没有分头行动，只见岸边的树林里突然出现很多人影，河道中上下游都出现了闪着警报的快艇，迅速把这一伙人夹在中间。

"坏了，是警察来抓人了！？"

"不好！快跑！"

"站住，不许动！"

"你们已经被包围了！"

一时间，呐喊声，流水声，引擎声，树叶的沙沙声，响彻汉江两岸……

就这样，经过数月的缜密侦查和追踪，公安机关最终成功抓获了周某银及其团伙成员。在审讯过程中，他们交代了包括非法捕捞、销售和贩卖禁渔品种等罪行。随着周某银及其团伙成员被抓获，非法捕捞活动在当地得以根除。

司法机关以周某银案为例，加大生态环境资源保护宣传力度，他们深入基层，引导百姓了解生态环境资源犯罪的相关问题，通过以案说法、发放宣传资料、典型案件报道、定期公布一批生态环境资源案例等形式，进行有关法规及环保知识的普及教育，增强社会公众的生态环保意识。

公安机关还采取一系列措施，加强了对水域的监管和巡逻，防止类似

事件再次发生。同时，他们还积极配合当地渔业部门对水域生态进行修复和保护，确保水域生态环境资源的安全和健康。

🔔 反思和启示

良好的生态环境是人类赖以生存的共同家园。故事里，因利益驱动的非法捕猎警示我们：生态破坏往往是"一损俱损"。每个人都不是局外人，节约用水、电，减少塑料制品的使用，积极投身环保公益，都是维护生态安全的具体体现。青少年要培养可持续发展观念，用行动守护青山绿水和生物多样性。唯有生态良好，人类社会才能保持长久繁荣，这也是建设美丽中国的必然选择。

📖 小贴士

减少碳排放对于维护生态安全至关重要，以下是一些可以帮助减少碳排放的方法：

1. 节约能源：减少能源的使用是减少碳排放的有效途径。使用高效的家电和照明设备，随时关掉不需要的电器，合理利用空调和供暖系统，都可以减少能源消耗。

2. 推广可再生能源：使用可再生能源，如太阳能和风能，可以减少对化石燃料的依赖，从而减少碳排放。

3. 减少交通排放：交通是碳排放的主要来源之一。选择步行、骑自行车或使用公共交通工具来代替开车，可以减少尾气排放。如果必须开车，可以考虑购买低碳排放的车辆，如新能源汽车。

4. 减少食物浪费：食物的生产和运输过程都会产生大量的碳排放。减少食物浪费可以减少对食物的需求，从而减少碳排放。合理规划食物购买和食用，妥善保存剩余食物，可以有效减少浪费。

5. 植树造林：积极参与植树造林活动可以帮助减少大气中的二氧化碳浓度，减缓气候变化的影响。

6. 推广循环经济：循环经济的理念是将资源的使用最大化，

减少废弃物的产生。通过回收再利用和资源共享，可以减少碳排放和环境污染。

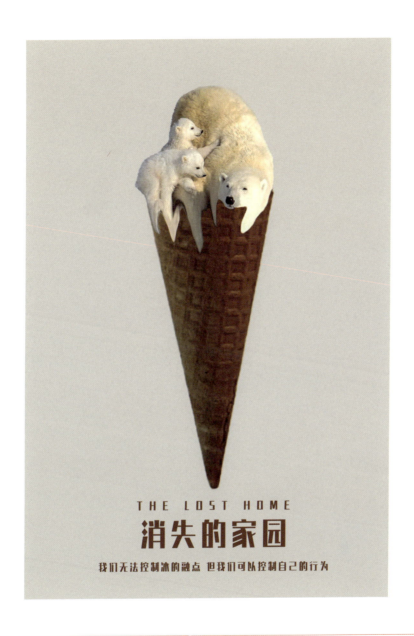

《消失的家园》

选自天津市新时代大学生国家安全主题艺术作品大赛优秀作品集

学　　校：电子信息职业技术学院

作　　者：白浩浩

指导老师：张　文　冯叶青

《兰时清供》

选自天津市新时代大学生国家安全主题艺术作品大赛优秀作品集

学　　校：天津美术学院

作　　者：孟航宇

指导老师：贾广健

资源安全是指一个国家或地区可以持续、稳定、充足和经济地获取所需自然资源和资源性产品的状态，以及具备维护这一安全状态的能力。它涉及多个领域，主要包括能源资源、水资源、土地资源、矿产资源、海洋资源、森林资源等。

资源安全

维护资源安全有哪些主要任务？

《中华人民共和国国家安全法》第二十一条规定，国家合理利用和保护资源能源，有效管控战略资源能源的开发，加强战略资源能源储备，完善资源能源运输战略通道建设和安全保护措施，加强国际资源能源合作，全面提升应急保障能力，保障经济社会发展所需的资源能源持续、可靠和有效供给。

国家安全故事

稀土之都的变迁

　　稀土，这一听起来便充满神秘色彩的元素群体，其实早已渗透至我们生活的方方面面。它们不仅是现代工业中不可或缺的"味精"，更是国防科技领域的"关键先生"。稀土的用途广泛且关键。从冶金工业中的精炼、脱硫，到石油化工中的催化剂，再到玻璃、陶瓷的抛光，稀土都扮演着举足轻重的角色。而更为人所瞩目的，是其在军事科技中的应用。稀土的加入，能够大幅度提升坦克、飞机、导弹等武器装备的战术性能，为国防建设提供了坚实的物质基础。

　　中国是世界上稀土资源最丰富的国家，素有"稀土王国"之称，而稀土也是国家战略性矿产资源。我国稀土工业起步于20世纪50年代，随

后经历了快速发展，到 1986 年，稀土冶炼分离产品产量超过了美国，成为世界上最大的稀土生产国。

在我国江西省，有一个被誉为"稀土之都"的地方——赣州。这里蕴藏着世界罕见的稀土矿藏，曾经一度是全世界稀土生产的重要基地。然而，随着资源的开发和市场的变化，稀土的开采与销售也经历了不小的波折。

在江西赣州这片土地上，稀土星星点点般分散在山野之间，闪耀着诱人的光芒。早在几十年前，这里就因发现大量稀土矿藏而闻名于世。当时，稀土被视为"工业黄金"，在高科技、军工等领域有着广泛的应用。

然而，随着时间的推移，由于缺乏有效的管理和规范，稀土的开采变得混乱无序。一时间，大量的稀土被无序开采，甚至出现了"白菜价"的尴尬局面。这不仅浪费了宝贵的矿产资源，也给当地的环境带来了巨大的破坏。

就在这个时候，国家出手了。政府意识到了稀土资源的战略意义，决定对稀土行业进行严格的管控。首先，国家颁布了相关法规，对稀土开采、生产和销售进行了全面的规范。同时，加大了对非法开采和走私稀土的打击力度。

为了让稀土资源得到合理利用，国家还推动了稀土产业的整合和升级。通过合并重组，优化了产业结构，提高了生产效率和产品质量。同时，国家还加大了科研投入，推动稀土深加工技术的发展，提高了产品的附加值。

在一系列措施的实施下，稀土行业开始逐渐走向规范化、高效化。稀土的价格也逐渐回升。更重要的是，环境得到了有效的保护，资源的利用效率也得到了显著提升。

在这个过程中，涌现了许多感人至深的故事。有一位年轻的稀土工程师小李，他深知稀土资源的宝贵，也见证了稀土开采的混乱时期。他下定决心要改变这一现状，于是他积极参与到稀土产业的整合和升级工作中。

小李带领团队深入矿山，与矿工们

钇

钽镧

沟通交流，了解他们的需求和困难。他发现，许多矿工之所以无序开采，是因为他们缺乏相关的知识和技能，不知道如何合理开采稀土。于是，小李组织了一系列的培训课程，教会矿工们如何高效、安全地开采稀土。

同时，小李还与科研机构合作，研发出了更加环保、高效的开采技术。这些技术的应用，不仅提高了稀土的开采效率，还大大降低了对环境的破坏程度。矿工们的生活也得到了改善，他们开始意识到合理开采稀土的重要性，并积极参与到产业的升级中来。

在政府、企业和社会各界的共同努力下，江西赣州的稀土产业逐渐走出了混乱，走向了规范化和高效化。稀土的价格也逐渐回升至合理的水平，为当地经济发展注入了新的活力。

如今，当你走进江西赣州，你会看到一座座现代化的稀土开采基地拔地而起，高科技的开采设备在矿山上忙碌地工作着。这里的稀土产业已经不再是过去的"野蛮生长"，而是成了一个高科技、高效益的产业。

💭 反思和启示

　　资源安全不仅指矿产能源，更包括水、森林等基础资源的可持续供给。故事中，对关键稀有资源的囤积或浪费，往往导致国际合作中的被动局面。我们必须认识到，资源是经济社会发展的命脉，如果过度开发或依赖进口，就可能被"卡脖子"。青少年应树立珍惜资源理念，倡导节能减排，积极关注资源循环利用。国家层面要推进绿色科技与产业升级，减轻对不可再生资源的依赖。只有守住资源安全底线，才能为民族长远发展赢得主动权。

> ⬚ **小贴士**
>
> 　　《稀土管理条例》于 2024 年 6 月 22 日公布，自 2024 年 10 月 1 日起施行。《条例》明确，稀土资源属于国家所有，国家依法加强对稀土资源的保护，对稀土资源实行保护性开采。任何组织和个人不得侵占或者破坏稀土资源。国家鼓励和支持稀土产业新技术、新工艺、新产品、新材料、新装备的研发和应用，持续提升稀土资源开发利用水平，推动稀土产业高端化、智能化、绿色化发展。《条例》提出，任何组织和个人不得收购、加工、销售、出口非法开采或者非法冶炼分离的稀土产品。

《黑黄金》

选自天津市新时代大学生国家安全主题艺术作品大赛优秀作品集
学　　校：天津美术学院
作　　者：王亚龙
指导老师：姜中立

核处容身
WHERE TO STAY

核处容身
WHERE TO STAY

核安全是指对核设施、核材料及相关放射性废物采取充分的预防、保护、缓冲和监管等安全措施，防止因技术、人为或自然灾害等原因而造成核事故，并最大限度减轻核事故情况下的放射性后果。

核安全

维护核安全有哪些主要任务？

《中华人民共和国国家安全法》第三十一条规定，我国维护国家核安全的主要任务是：国家坚持和平利用核能和核技术，加强国际合作，防止核扩散，完善防扩散机制，加强对核设施、核材料、核活动和核废料处置的安全管理、监管和保护，加强核事故应急体系和应急能力建设，防止、控制和消除核事故对公民生命健康和生态环境的危害，不断增强有效应对和防范核威胁、核攻击的能力。

国家安全故事

切尔诺贝利的灰烬

1986 年春天，位于苏联乌克兰的普里皮亚季镇上空，阳光明媚，大地充满生机。这个看似平凡的小镇，却即将成为世界历史上最严重的核事故的中心——切尔诺贝利核电站灾难的发生地。

4 月 25 日，夜色渐浓，切尔诺贝利核电站灯火通明，科学家和工程师们正忙碌地准备一项关键的安全测试。这个测试的目标是验证在电网失电的情况下，反应堆是否能够安全地关闭。然而，由于设计上的缺陷和过程中一系列严重失误，这次测试造成了一场无法挽回的灾难。

夜深人静时，反应堆的状况开始失控。深夜 1 点 23 分，由于人为操作错误和设计不足，控制系统无法应对急剧升高的反应堆功率。核心区的温

度急速上升，不受控制的核链反应迅速加剧。控制室内，仪表板上的指针疯狂跳动，警报声此起彼伏，穿透夜幕的尖锐响声宣告着即将来临的灾难。

在紧急情况下，工程师试图通过完全插入控制棒来稳定反应堆。然而，由于控制棒设计的缺陷，这一行动反而加剧了反应堆的不稳定性。数分钟内，核心区的压力和温度达到了历史极值，终于，反应堆容器无法承受巨大的内压，发生了剧烈的爆炸。

巨响撕裂了夜的宁静，一团巨大的火球冲天而起，照亮了四周的天空。接着，大量的放射性物质随着火光和烟尘被抛向高空，随风散布到远方的城镇和乡村。爆炸的冲击波震撼了数千米以外的区域，灾难的影响即刻显现。这场灾难的画面，如同末日的景象，刻在了所有目击者的心中。炽热的火焰将夜空染成橘红色，浓烟遮住了星辰，如同一个巨大的幽灵笼罩着切尔诺贝利。

火光照亮了普里皮亚季小镇，普里皮亚季的居民和电站工作人员被紧急疏散，他们在夜色和混乱中逃离家园。与此同时，消防员、工程师和紧急救援人员冒着极高的辐射危险，赶往核电站。他们是普通人中的英雄，无视自身的危险，试图控制这场由人类傲慢引发的灾难。他们在极强的辐射中奋不顾身地试图控制火势，并阻止进一步的放射性泄漏。

紧急救援行动持续了数天数夜。消防员和工程师们在极端的条件下工作，他们用水和沙子覆盖破损的反应堆，尽管如此，他们中有许多人在接下来的日子里因为高剂量的辐射而失去生命。这些英雄的名字永远铭记在历史的记忆中。

这场灾难除了造成直接的人员伤亡和环境污染，更远期的影响也逐渐显现。放射性云雾覆盖了欧洲的部分地区，数百万人受到了放射性尘埃的影响。科学家和医生开始记录和研究辐射对人体及生态系统的长期影响，试图找到减缓辐射影响的措施和治疗方法。

随着时间的推移，切尔诺贝利周围的区域被宣布为禁区，成了一片广阔的无人区。虽然人类无法在该地区居住，但大自然显示出了惊人的恢复能力。野生动物和植物逐渐回归，形成了一个独特的生态环境。这个独特的环境吸引了不少生态学家和生物学家前来研究。

灾难发生后的数十年间，切尔诺贝

利不仅是核事故的象征，也成了科学研究和历史教训的宝库。研究人员利用这一独特的环境，进行了广泛的研究，包括放射性物质在环境中的行为、受污染生态系统的恢复过程，以及辐射对野生生物的影响。

随着时间的推移，纪念馆和博物馆被陆续建立，这场灾难的每一个细节被记录了下来。教育活动不断，提醒人们核安全的重要性。切尔诺贝利成为全世界共同的记忆，是一个警示，也是对未来的期待，提醒人类核能的强大力量必须伴随着无比的谨慎和责任。多部纪录片和书籍，讲述着那些在灾难中失去生命的人们的故事，以及勇敢的消防员和工程师们的牺牲精神。

核能作为一种清洁能源，其在全球能源结构中的角色日益重要，但切

尔诺贝利的教训时刻提醒着世人，安全永远是第一要务。

切尔诺贝利事故不仅改变了核能行业的发展轨迹，还对环境政策和国际合作产生了深远影响。全球各国加强了对核设施的监管，提高了环境保护的标准，并加强了各国在核安全领域的合作，共同应对可能发生的核事故。

🔔 反思和启示

核能既是高效清洁的能源，也含有巨大的风险。故事中，核泄漏或核材料失控引发严重后果，警示我们在发展核能的同时必须确保安全绝不打折扣。核安全立足于精密严谨的技术与严格法律监管，还离不开每一位工作人员的责任心和专业素养。青少年对核能需避免恐惧和偏见，正确认识其利弊，并在未来积极为核技术的安全升级与和平利用贡献才智。只有以高度的科学态度和国际合作精神共同防范风险，才能让核能造福人类。

小贴士

一旦出现核事故，公众应该怎么办？

一旦出现核事故，公众需要做的第一件事是获取准确信息，了解政府部门的决定、通知，并保持与地方政府的信息沟通，切记不可轻信谣言或小道消息。第二件事是按照地方政府的通知，迅速采取必要的防护措施保护自己。主要可以采取以下措施：

1. 采取隐蔽措施以减少直接的外照射和污染空气的吸入。可以选用就近的建筑物进行隐蔽。应关闭门窗，关闭通风设备。

2. 必要时根据政府的安排实施撤离。

3. 当判断有放射性物质释放时，切记不能迎着风，也不能顺着风跑，应尽量往风向的侧面躲，并迅速进入建筑物内隐蔽。

4. 采取呼吸防护，用湿毛巾、布块捂住口鼻，过滤放射性粒子。

5. 若怀疑身体表面有放射性污染，采用温水洗澡和更换衣服来减少放射性污染。

6. 不饮用露天水源中的水，不食用事故发生地附近生产的食物。

REFUSE

《Refuse》

选自天津市新时代大学生国家安全主题艺术作品大赛优秀作品集

学　　校：北京科技大学天津学院

作　　者：吴兴宇

指导老师：李文红　于　静

《对联》

选自天津市新时代大学生国家安全主题艺术作品大赛优秀作品集

学　　校：天津美术学院

作　　者：于智强

指导老师：范同欢　吕铁元

守护海外利益 保护公民安全

欢迎中国同胞登舰回家

海外利益是国家发展利益的延伸，即在国土之外的国家利益，包括有形利益和无形利益。有形利益指在海外的我国公民的人身和财产、国家驻外机构、军事设施、企业与投资、交通运输线和运载工具，以及海外工程项目等。无形利益则指国家的海外影响力产生的利益，如国际规则制定中的话语权、国际事务中的影响力及国家的尊严、名誉与国际形象等。海外利益安全是指上述利益处于没有危险和不受内外威胁的状态及国家维护上述利益安全的能力。

海外利益安全

维护海外利益安全有哪些主要任务？

当前，世界面临的不确定性和不稳定性突出，局部冲突和动荡频发，各种传统和非传统安全问题突出，我国海外利益安全面临诸多挑战和风险。个别国家在全球范围内对我围堵、遏制、打压，持续影响我国海外利益安全；国际恐怖主义严重威胁我国海外机构、项目安全和公民人身安全；地区冲突、战乱等严重冲击全球安全环境，我国海外重要能源矿产资源及战略通道安全保障难度加大；一些国家和别有用心的组织、个人抹黑我国国际形象，散布虚假信息，阻碍我国海外项目推进。为应对上述挑战和风险，我们在维护海外利益安全方面有以下主要任务：坚持预防为先，不断完善我国海外利益保护工作机制；保持维护我国海外利益安全相应的军事威慑力及关键时刻能够"走出去"的机动军事力量；提高我国驻外机构和公民的风险意识和自我保护能力；学习借鉴海外利益保护国际经验，提高维护海外利益安全的能力；加强国际合作，维护海外利益安全；继续深化对外开放和对外交流，不断提升我国国际形象及国际影响力。

海外风云：
宏达贸易海外征途中的坚守与启示

在东南亚某国，一家名为"宏达贸易"的中国企业，凭借其敏锐的市场洞察力和勇于开拓的精神，在业界赢得了广泛赞誉。该国丰富的自然资源和矿产储量，让宏达贸易看到了巨大的商机，于是决定在该国正式设立分公司，以进一步拓展其海外业务。然而，这场看似前景光明的商业征程却暗藏着未知的风险，最终演变成一场惊心动魄的海外利益安全危机。

宏达贸易派遣了一批中方员工前往该国，他们满怀激情与期待，准备在这片热土上大展拳脚。然而，他们很快发现，这里的政局动荡不安，武装组织众多，治安状况堪忧。而当地民众对外来人员抱有强烈的戒备心理，公司的安保措施显得捉襟见肘。

尽管公司为员工提供了基本的安保装备，但缺乏足够的武器和通信设备。在与武装分子的较量中，员工们往往力不从心，无法有效抵抗。同时，公司与当地警方的沟通不畅，导致在危机发生时无法迅速获得支援。

宏达贸易公司在风险评估和预警机制建设上也存在严重缺陷。公司在进入该国市场前，没有对该国的政治、经济、社会等方面进行深入的调查和评估，对潜在的安全风险缺乏足够的认识，也没有建立有效的预警机制，无法及时发现和应对可能出现的安全问题。这些不足很快就在一系列的安全事件中暴露无遗。

首先是公司仓库被盗事件。由于安保措施不到位，仓库的安保系统被轻易破解，大量货物被盗走。这次事件给公司造成了巨大的经济损失，也让员工们开始意识到安全问题的严重性。接着是公司的员工

遭遇武装抢劫的事件。在一次外出采购的过程中，几名员工遭到不明身份人员的持枪抢劫。他们被迫交出身上的财物，并遭受了严重的身体伤害。这次事件让员工们感到恐惧和无助，也对公司的安保能力产生了严重的质疑。然而，最令人痛心的事件还是一名中方员工被绑架。这名员工在返回宿舍的途中被不明身份人员绑架，公司接到消息后却束手无策。由于之前没有与当地警方建立有效的沟通机制，警方在接到报案后也没有迅速采取行动。

万般无奈之下，宏达贸易想到了向中国驻该国大使馆求助，希望祖国能作为自己的坚强后盾，维护其在该国的合法利益。大使馆接到

宏达贸易企业的请求后迅速行动，与该国政府展开沟通，要求对方采取有效措施保障中国企业和公民的安全。同时，大使馆积极协调当地警方和军方，为宏达贸易提供必要的支持和帮助。在中国大使馆官员的积极介入下，当地警方全力营救了被绑架的中国员工，同时加强了对宏达贸易周边的安保力度，有效遏制了武装分子的嚣张气焰。此外，大使馆还协助宏达贸易与当地社区建立友好关系，缓解了民众对外来人员的戒备心理。后续，大使馆还进一步协调国内相关部门，为宏达贸易提供了必要的法律援助和资金支持。

这起事件的圆满解决，不仅体现了中国政府对海外企业和公民利益的重视，也彰显了中国政府在国际事务中的影响力和实力。这起事件对宏达贸易来说是一次深刻的教训，他们在追求海外商业利益的过程中，忽视了安全风险评估和预警机制建设，导致员工的人身安全和财产安全在海外无法得到保障。公司开始重新审视其海外业务战略和安全管理体系，加大了对安保措施的投入，并加强了与当地政府和社

区的沟通合作。同时，公司也加强了对员工的安全教育和培训，提高了
员工的安全意识和自我保护能力。

🔔 反思和启示

　　随着我国对外开放不断扩大，越来越多企业和公民走出国门，海外利
益安全成为国家安全的重要组成部分。故事中，企业在海外遭遇动乱或不
公待遇，凸显对外投资与工程项目的风险。我们既要加强海外风险评估与
合法合规经营，也要与当地社会积极沟通，尊重文化差异。青少年若有机
会出国学习或工作，更需强化安全意识，时刻关注领事保护信息。唯有增
强综合国力与国际协调能力，才能更好地保障海外同胞与企业的合法权益。

📖 小贴士

领事保护是指派遣国的外交领事机关或领事官员，在国际法允许的范围内，在接受国保护派遣国的国家利益、本国公民和法人的合法权益的行为。以我国为例，当中国公民、法人的合法权益在驻在国受到不法侵害时，中国驻外使领馆依据公认的国际法原则、有关国际公约、双边条约或协定及中国和驻在国的有关法律，反映有关要求，敦促驻在国当局依法公正、友好、妥善地处理。

12308 是外交部全球领事保护与服务应急呼叫中心为中国公民提供 24 小时领事保护与服务的领事保护热线。12308 热线的主要功能有：一是为遇到紧急情况的求助人提供领事保护应急指导与咨询，必要时协调有关驻外使领馆跟进处理；二是向求助人介绍一般性领事保护案件的处置流程；三是在发生重大突发领事保护案件时，承担应急处置"热线"功能。

海外利益安全

《海外利益》

选自天津市新时代大学生国家安全主题艺术作品大赛优秀作品集

学　　校：天津美术学院
作　　者：孙嘉鸿
指导老师：陈　侃

太空安全是指在太空系统、太空权益、太空轨道环境等方面不受威胁、侵害的客观状态。对于国家而言，维护太空安全表现为确保国家安全范畴内的太空资产、太空权益和轨道环境免遭自然环境与人类活动所形成的威胁或侵害。太空安全是太空利用的重要组成部分，也是太空探索和开发的必要前提。

太空安全

维护太空安全有哪些主要任务？

在太空安全方面，我国应着眼和平利用太空，积极参与国际太空合作，加快发展相应技术和力量，统筹管理天基信息资源，跟踪掌握太空态势，保卫太空资产安全，提高安全进出、开发利用太空能力。

国家安全故事

太空安全：国际合作与未来挑战

在天文与空间科学学院的图书馆里，教授李程和几名学生坐在装饰着星空图案的讨论室内，围绕着太空安全和国际合作展开了深入的对话。

"杨帆，你知道在进行太空探索时，太空安全为什么至关重要吗？"李程看向正盯着图案若有所思的杨帆问道。

杨帆简单思考了一下，回答道："教授，太空环境复杂多变，太空碎片、太空天气等都可能对航天器和航天员的安全构成威胁。"

李程点头认可："没错。而且随着太空活动的增多，如何确保各国航天器的安全，如何避免潜在冲突就显得尤为重要了。"

杨帆问道："那中国是如何应对这些挑战的呢？"

　　李程从文件夹中取出一份文件，递给大家："这是《2021 中国的航天》白皮书，书中提到了中国在促进太空安全方面所做的努力。例如，中国与其他国家签署了多项合作协定，共同开展空间科学研究和技术应用。"

　　同学们都聚过来开始翻看，杨帆边看边说："这里还提到了中国的空间站'天宫'，这不仅是一个科研平台，也是国际航天合作的重要载体。"

　　李程补充道："正是这样。通过与不同国家的航天机构合作，共享资源和数据，我们可以增强相互了解，减少误判，从而增加太空活动的安全性。"

　　"那在实际的太空任务中，中国是如何保障安全的呢？"一直沉默不语的赵彤彤同学问道。

　　李程讲道："比如说，2021 年 11 月，'天问一号'探测器'祝融号'火星车与欧洲空间局'火星快车'轨道器成功开展在轨中继通信试验，这不仅是对技术的一次验证，更是国际间在深空探测领域合作的一次实践。"

　　赵彤彤微微点头："这样的合作确实能够提高任务成功率，降低风险。"

　　李程说："的确。而且当多国共同参与一个项目时，它们会共享最佳实践经验，互相学习对方的安全管理经验，这对于提升整体的太空安全标准非常有帮助。"

　　赵彤彤感慨地说："教授，我明白了。太空安全不仅是技术问题，而且是一个需要国际合作和共同努力的问题。"

　　李程满意地点头："很好，作为未来的航天人，你们有责任推动太空安全的合作，确保太空成为被人类和平利用的领域。"

　　天色渐晚，室内的灯光也显得柔和起来，李程教授和同学们继续进行着热烈而深入的讨论。他们不但探讨了太空垃圾的清理、太空交通管理，也探讨了如何在国际法框架下处理太空争端等议题。在这些讨论中，他们共同认识到太空安全不仅是技术问题，更是政策和法律问题。

李程教授细致地向同学们介绍了联合国在太空安全方面的努力："你们知道吗，1966 年联合国大会通过了《外层空间条约》，它是国际太空法的基石，规定了所有国家在太空活动中应遵守的基本原则。"

大家聚精会神地听着，不时点头表示理解。"这听起来像是维护太空和平的重要法律框架。"杨帆说。

"没错。"李程继续说道，"这个条约号称'空间宪法'，强调了太空的和平使用、禁止在太空中部署武器，以及无主权原则——即任何国家不能宣称对月球或其他天体拥有主权。"

杨帆思考着这些信息，然后提问："那么，如果有国家不遵守这些规定怎么办呢？"

李程说："这就是国际组织和国际社会的作用所在，通过外交途径和国际监督机制来确保各国遵守这些规定。"

杨帆充满憧憬地说："教授，我相信随着科技的进步和国际合作的加强，我们离实现安全稳定的太空环境又近了一步。"

李程赞同地回应："是的，我也有这样的信心。不过要记住，太空安全不仅是技术和法律的问题，还涉及人类价值观和伦理的挑战。"

杨帆认真地说："我明白了。太空探索应当以寻求人类福祉、维护世界和平为目标，避免成为新的冲突源。"

李程站起身，拍了拍杨帆的肩膀，看着同学们说："很好，你已经深刻理解了太空安全的重要性。未来属于你们这一代，希望你们能够承担起维护太空和平与安全的重任。"

夜色已深，李程看了看手表，意识到时间已经不早了。"同学们，今天的讨论就到这里吧。虽然我们谈论了很多严肃的话题，但我相信这些都为你们未来的太空之旅奠定了坚实的基础。"

大家纷纷起身向教授致敬，杨帆激动地说："教授，感谢您今晚的指导，我们将永远记住，并以此为指南，为维护太空安全和可持续性做出贡献。"

几位同学收拾好资料，走出讨论室。图书馆内灯光柔和，外面的天空中星光灿烂。大家心潮澎湃，不断回味着今晚的对话，心中充满了对知识的渴望和对未来的憧憬。他们想象着自己有一天能乘坐飞船在浩瀚的宇宙中翱翔，与此同时，也深知自己肩负的责任——为了人类的共同利益和维护太空的和平安全而不断学习、探索和奋斗。

🔔 反思和启示

人类对太空的探索日趋深入，但太空安全挑战同样紧迫。我们要提倡和平利用太空资源，强化国际规则意识，避免过度竞争导致冲突或环境破坏。对青年一代而言，学习航天科技与国际法，培养包容与协作精神尤其重要。太空是人类共同的未来，只有在坚持创新、协商与可持续发展的前提下，才能让浩瀚星河成为造福全人类的广阔舞台。

📑 小贴士

联合国和平利用外层空间委员会（COPUOS）是根据 1959 年联合国大会第 1472 号决议建立的，简称外空委，现有包括中国在内的 92 个成员国。联合国维也纳办事处外空司是外空委的秘书处。外空委的宗旨是制定和平利用外空的原则和规章，促进各国在和平利用外空领域的合作，研究在探索与利用外空时可能产生的科技问题和法律问题。外空委下设科学技术小组委员会和法律小组委员会，由外空委全体成员国组成。委员会及两个小组委员会每年各举行一届会议，审议联大提出的有关外空问题、成员国提出的外空报告和问题。

《列星安陈》

选自天津市新时代大学生国家安全主题艺术作品大赛优秀作品集

学　　校：天津大学

作　　者：牟子涵

深海安全，是指国家坚持和平探索和利用深海，增强安全进出、科学考察、开发利用的能力，加强国际合作，维护我国在深海的活动、资产和其他利益的安全。

深海安全

维护深海安全有哪些主要任务?

1. 资源保护与开发：确保深海资源的可持续开发，防止过度开采和资源枯竭。实施科学的资源管理策略，保护海洋生态平衡。

2. 海洋生态保护：加强对深海生态系统的研究与监测，评估生态健康。制定保护措施，防止污染和生物多样性丧失。

3. 航道安全保障：确保国际航道的安全畅通，减少海上交通事故。加强海洋监测与警报系统，及时应对突发事件。

4. 国防与安全保障：加强海军力量的建设与部署，维护海洋主权。建立深海监控系统，追踪潜在的军事威胁。

5. 国际合作与法律事务：积极参与国际海洋法和合作机制，维护国家利益。与其他国家及国际组织合作，共同应对深海安全挑战。

6. 科技研发与技术保障：推动深海探测和开发技术的自主创新，提高技术安全。加强对深海科研设施和设备的维护和管理。

7. 灾害应对与应急机制：建立海洋灾害应急预案，确保在突发事件中快速反应。开展应急演练，提高各方的应对能力。

8. 公众意识与教育：提高公众对深海安全重要性的认识，增强社会参与。开展相关培训与教育，培养专业人才。

通过这些任务的实施，能够有效维护深海安全，确保国家的经济和生态安全。

国家安全故事

180 秒的生死沉浮

180 秒内 30 多道命令无一错漏，中国海军 372 潜艇全体官兵仅凭肌肉记忆进行盲操作，关闭了近百个阀门、几十个设备，完成了 500 多个动作，全员全程零失误，最终创造了世界上唯一一次经历海中断崖后仍能自救生还的航海奇迹。

2014 年春节期间，海军 372 潜艇执行远航任务，而行驶的海域是一片未知海域。这里所谓的未知，指的是这片海域的海下环境我们没有数据，这就好比在一片未知的荒漠上前行没有向导一样，所以潜艇行驶时也是小心翼翼的。

深夜 12 点，突然，舱内刺耳的警报声划破了寂静，深度计显示潜艇正在急速地坠落，紧接着舵信班副班长成云朝一声惊呼："掉深了！"

这一声让所有人的神经一瞬间都绷直了，他们遭遇了海底最棘手的问题——海中断崖。潜艇航行时最怕遭遇三种状况：进水、起火、掉深，其中最危险的就是掉深。

掉深的意思就是潜艇航行期间突然从一片高密度水域掉到了低密度水域，这种海水的密度差通常是水温变化和洋流等复杂问题造成的，而遭遇掉深就跟开车冲下悬崖一样，所以又叫作海中断崖。

这种情况下，潜艇会不受控制地急速坠入深海，直到超过潜艇极限深度的时候，整个潜艇将被深海的压力无情地撕裂。

历史上发生过很多次掉深事件，有明确记载的有美国的"长尾鲨号"，129人无一生还，以色列的"达卡尔号"，事故发生30多年之后残骸才被找到，但更多的事故其实是无法统计的，因为遭遇掉深之后无人生还，残骸都没有办法打捞，所以很多事故的原因无法定性，就只能判定为失踪。

而在所有生还的事故当中，因为遭遇掉深而生还的，一例都没有，所以全世界公认海中断崖是十死无生的海难，直到中国372潜艇创纪录地把十死无生变成了九死一生。

当时已是深夜12点，很多轮休的船员还在睡觉，而警报声一响所有人迅速到达战斗位置。此时指挥员王红理连续下达了多道

命令：让潜艇增速并开始排水，尝试用动力摆脱下坠，并且希望可以通过加速飞过断崖。但是这些操作下来并没有效果，潜艇还在坠落，而且深度已经逼近极限。

而此时，潜艇的外壳已经被海水压得嘎嘎作响，就像即将破碎的玻璃一样。突然"砰"的一声巨响，主舱室的管道破裂，高压海水激射进舱室，一瞬间舱内让水雾打得能见度几乎为零，同时带来强烈的噪音，什么都听不见了。主舱室是主动力舱，一旦这里沦陷，潜艇将失去动力，那么整艘潜艇将失去一切挣扎的能力。

全体船员的生死只在这一瞬间，但也就是这一瞬间，主舱室里面的三名战士立即封死了两侧的舱门，避免海水蔓延，这也意味着他们用这一瞬间选择了牺牲。

紧接着，三人在看不见也听不见的环境下，仅凭肌肉记忆进行盲操作。轮机兵朱召伟被喷出的水柱撞到了舱壁的螺杆上，后背血流不止。这种高压的水柱威力堪比子弹，可以轻易贯穿人体，但他没时间考虑，找准了角度强行冲上去堵漏。

电工区队长陈祖军闭着眼睛，关闭了主电机及其余几十个设备。要知道，如果主电机损坏会导致潜艇断电，并且可能因为短路造成火灾进而引发爆炸。

电工班长毛雪刚在听到管路崩裂的一瞬间，第一时间冲入水雾中，同样是盲操作，关闭了大小阀门40多个，并且成功地开启了舱内供气，获得了反向压力以减缓进水。但是，高压的空气同时也让他们几个呼吸困难、耳膜刺痛，脑袋被压得嗡嗡作响。

而主机舱外，无论指导员王红理怎么声嘶力竭地喊，声音也无法盖过里面强大的水噪，于是只能使出最后的撒手锏。他下令吹出所有的水柜，意思是用高压的气体将潜艇中储备的所有浮力全部释放出来，让潜艇获得最大的浮力，而这也是最后的方法。

接下来就是漫长的等待，度秒如年的漫长等待！全体船员此时屏住呼吸，空气和时间都是静止的，周围只有坠入深渊的死寂，而能听到的就只有船体被压到变形的咔咔声，那个声音就像是通往死亡的倒计时。

但此时所有人能做的，只能是等待大自然的审判。终于，几十秒之后潜艇的坠落停止了，由于下落的惯性，在停留了十几秒之后潜艇开始上浮。而到此时，从警报响起到停止坠落，只过去了180秒。

这180秒好像过去了1万年，而在这180秒里指挥员下达了30多道命令无一错漏，全体官兵仅凭肌肉记忆进行盲操作关闭了近百个阀门、几十个设备，完成了500多个动作，全员配合零失误。

潜艇虽然开始上浮，但留给他们开心的时间并不多，因为潜艇加速上浮同样非常危险。这里最怕两种情况，一个是撞到上方的障碍物，另一个就是潜艇的倾斜姿态异常，遇到任何一个都会导致二次事故，同样是要命的。

王红理再次下令急速上浮，并打开声呐注意调整姿态，几分钟之后，一头劫后余生的钢铁巨兽从海面下一跃而起冲出了水面，之后又重重地落在了海面上。

　　紧接着，船员们迅速打开主舱室的舱门，万幸朱召伟、陈祖军、毛雪刚 3 名战士都还活着，此刻世界上又多了一个只属于中国的奇迹。

　　可这还没完，要知道这里是作战海域，他们出水的那一刻就注定要被敌人的侦察系统发现，所以刚刚死里逃生的战士们此刻一秒都不能松懈。重伤的潜艇已经失去了主动力，必须立刻抢修，而接下来的几个小时，战士们都在超功率输出，接力式地排水清污和抢修。

　　有的趴在冰冷的船底，双手冻得发紫却还徒手清理着管道中的秽物，有的在 53℃ 的机舱里面连续奋战汗如雨下，有的爬进狭窄的管路中抢修，中途累得几度昏迷。就这样抢修了上千条管线和电路，一艘重伤的潜艇仅十几个小时就恢复了动力和潜航能力。

　　抢修的同时，王红理他们也在开紧急会议，摆在面前两条路：立即返航还是带伤继续完成任务。王红理说："如果我们遇到困难就退缩，与战时临阵脱逃没什么两样。既然有免费的陪练，那就不能辜负对方的美意。"他们选择了继续完成任务。就这样，这只重伤的巨兽又一头扎进了海里开始与对手周旋。

经历了一系列战术动作之后，最终他们成功地突破了封锁圈，并且在未来几十天的时间里顺利完成了预定的作战任务，而返航时又再次成功突围安全返航，展现了中国海军官兵的专业素养和团队精神。

🔔 反思和启示

深海蕴藏丰富资源，但科技水平与国际规则尚不完善，给海洋环境与国际关系增添变数。国家要加快深海探测技术及法律法规建设，科学规划资源利用，杜绝过度开采和军事化隐患。青少年可从海洋知识普及做起，关注"蓝色国土"的可持续发展。深海世界或许神秘，但对我们而言，保护好、开发好这片海域，同样是守护国家未来的要务。

📖 小贴士

《中华人民共和国海上交通安全法》

第一章 总则

第一条 为了加强海上交通管理，维护海上交通秩序，保障生命财产安全，维护国家权益，制定本法。

第二条 在中华人民共和国管辖海域内从事航行、停泊、作业以及其他与海上交通安全相关的活动，适用本法。

第三条 国家依法保障交通用海。海上交通安全工作坚持安全第一、预防为主、便利通行、依法管理的原则，保障海上交通安全、有序、畅通。

第四条 国务院交通运输主管部门主管全国海上交通安全工作。国家海事管理机构统一负责海上交通安全监督管理工作，其他各级海事管理机构按照职责具体负责辖区内的海上交通安全监督管理工作。

第五条 各级人民政府及有关部门应当支持海上交通安全工作，加强海上交通安全的宣传教育，提高全社会的海上交通安全意识。

第六条 国家依法保障船员的劳动安全和职业健康，维护船员的合法权益。

第七条 从事船舶、海上设施航行、停泊、作业以及其他与海上交通相关活动的单位、个人，应当遵守有关海上交通安全的法律、行政法规、规章以及强制性标准和技术规范；依法享有获得航海保障和海上救助的权利，承担维护海上交通安全和保护海洋生态环境的义务。

第八条 国家鼓励和支持先进科学技术在海上交通安全工作中的应用，促进海上交通安全现代化建设，提高海上交通安全科学技术水平。

《深海梦语》

选自天津市新时代大学生国家安全主题艺术作品大赛优秀作品集

学　　校：天津美术学院

作　　者：姜　帆

指导老师：卞　超　王昕宇

《请勿"袋"走》

选自天津市新时代大学生国家安全主题艺术作品大赛优秀作品集

学　　校：天津理工大学

作　　者：李佳坤

指导老师：钟　蕾　唐　甜

极地安全是指维护国家和平探索和利用极地，增强安全进出、科学考察、开发利用的能力，加强国际合作，维护我国在极地的活动、资产和其他利益的安全。

极地安全

211

维护极地安全有哪些主要任务？

维护我国极地安全的重点任务包括：一是极地进出安全，即通过船舶或航空器安全进出极地。二是极地活动安全，即国家、公民可以安全地在极地开展各类活动。这类活动既包括国家组织开展的极地考察活动，也包括自然人或法人开展的极地活动。三是极地资产安全，即保障我国用于执行极地任务、放置于极地的资产及其他相关资产安全，主要包括考察站、船、飞机、车辆等装备设备。

国家安全故事

造福人类的极地科考

南极和北极是地球的极巅。冰天雪地是极地特色，寒冷干燥是极地常态。极地人迹罕至，但南极有在雪地上行走的企鹅，北极有在冰水中游泳的北极熊……极地是一块净土，是生物的基因库和自然资源的储备地，是气候环境演变的航标，蕴藏着丰富的自然资源和科学奥秘，全球环境变化的很多问题可以从那里找到答案。大家知道，导致全球气候变暖的一个重要原因是大气中二氧化碳含量的增加，这就是在极地研究中得出的。因此，极地科学考察是人类探索自然奥秘、探求新的发展空间的重要领域。

2024 年是中国极地考察 40 周年。40 年来，在中国共产党的领导下，我国极地事业从无到有、

由弱到强，一代代极地工作者勇斗极寒、坚韧不拔、拼搏奉献、严谨求实、辛勤工作，致力于更好地认识极地、保护极地和利用极地。

提起中国极地考察，郭琨是个绕不开的名字。他是中国南极科考事业的开拓者和奠基人，是我国首个南极科考站——长城站的首任站长。长城站的建立，极大增强了我国在南极的科学考察能力，维护了我国在南极的利益。长城站落成不久，我国正式成为《南极条约》协商国，从此在国际南极事务中获得了表决权，也标志着我国开启了独立自主、有计划的南极科考时代。

郭琨年少时在天津扶轮中学读书，后在哈尔滨军事工程学院学习气象雷达专业。1981年5月，我国成立南极考察委员会，郭琨担任办公室主任。20世纪80年代初，已有18个国家在南极洲建立了40多个常年考察基地和百余座夏季站，而当时的中国甚至找不到一张完整的南极地图。1983年，没有南极考察站的中国只能以缔约国的身份加入《南极条约》。

郭琨等人组成的中国代表团出席了第十二届《南极条约》协商国会议。每当会议进行到实质性议程，会议主席便会"咚"地敲下小木槌，"请"缔约国到会议厅外面喝咖啡，协商国则留下继续开会。一次次被"驱逐"出会场，48 岁的河北汉子禁不住泪流满面。

1984 年 6 月，国务院正式批准确定我国将在南极建设第一座南极考察站——长城站。出发前，郭琨和队员们一起签下了"生死状"。同年 11 月，郭琨率领"向阳红 10 号"远洋科学考察船和"J121 号"打捞救生船载着591 人出发。他们出海不久就遭遇大风浪，队员们晚上睡觉时还得把自己绑在床上，防止因船摇晃掉下床来。由于船只晃动极为剧烈，大部分没坐过船的人都受不了，有一名队员吐了十几次，最后四肢抽筋，几名队员摁着他，打了点滴才平静下来。

再苦再难，也动摇不了郭琨和队员们向前的决心。1984 年 12 月 30 日15 点 16 分，我国第一支南极科考队到达目的地——乔治王岛，而建站的挑战才刚刚开始。

建设长城站时间紧迫，身为队长的郭琨每天下达严格的任务要求：一天工作近 20 个小时。

在当年随队记者拍摄的视频资料里，郭琨身着防水服跳入海中，与队员们一同抢着大锤奋力敲击钢管，搭建临时码头。混合着浮冰的海水冰冷刺骨，郭琨和队员们在水里坚持十分钟就得上岸喝些酒和姜汤，然后继续跳入海水中。

　　队员开玩笑地给郭琨赠送了外号"郭扒皮"，其实"郭扒皮"也于心不忍，但是没有这股扒皮的劲头，哪里来的建成长城站的壮举！

　　1985年2月20日清晨，农历正月初一，在大雪飞舞的乔治王岛升起了五星红旗，中国第一座极地科学考察站——长城站正式建成！这为我国极地考察翻开历史性的一页。同年10月，中国成为《南极条约》协商国。至此，中国在南极国际会议上有了发言权、表决权。

　　截至目前，中国南极科学考察队已40次赴南极执行科学考察任务，在南极建成了长城站、中山站、昆仑站、泰山站、秦岭站5座科考站。与此同时，我国对北极的考察也在持续推进。2004年，我国第一个北极考察站黄河站建成；2018年，在冰岛建成中国—冰岛联合极光观测台。目前，

我国极地科考调查了南北极陆地和海洋的生态环境与气候演变，研究了南北极地质背景，绘制了南极内部陆地第一张地形图，在一定程度上掌握了南北极拥有的能源和资源信息。在南极科考中，我们发现冰雪世界里依然有活跃的火山活动，火山口附近有着丰富的温泉资源。截至 2016 年，我国在南极收集的陨石达 12665 块，这对研究地球及其他天体的形成演化具有重要价值。这些来自极地科考的研究成果，除了本身的科研意义之外，还为我国社会发展、维护极地权益等提供了科学依据。

　　极地科考，是人类探索自然奥秘的极致挑战，是智慧和勇气的体现，也是一个国家综合国力的直接反映。在一代代极地工作者的艰苦奋斗、开拓创新之下，相信我们会同国际社会一道，更好地认识极地、保护极地和利用极地，为造福人类、推动构建人类命运共同体做出新的更大的贡献。

🔔 反思和启示

极地地区对全球气候、资源开发和航运通道具有独特意义，正成为国际博弈的新焦点。我们要在合法合规、环境友好的前提下开展极地科研与合作，掌握科学话语权。青年人更应认识到：极地不再是"遥远的冰封世界"，而是关乎国家综合实力与地球可持续发展的重要领域。以创新精神和协作态度进军极地，才能在实现人类共同利益的同时，维护国家正当权益。

📄 小贴士

我国于 1985 年成为《南极条约》协商国，2013 年成为北极理事会正式观察员国，至此确立了我国参与极地全球治理的主体地位。我国于 2017 年首次发布《中国的南极事业》报告，2018 年首次发布《中国的北极政策》白皮书，积极参与极地全球治理规则的构建与完善。

《拯救极地》

选自天津市新时代大学生国家安全主题艺术作品大赛优秀作品集

学　　校：天津职业大学

作　　者：杜天意

指导老师：马鸿达　阿力木江·阿布拉

《如果"绿"不再是环保》

选自天津市新时代大学生国家安全主题艺术作品大赛优秀作品集

学　　校：天津工业大学

作　　者：李家茹

指导老师：周明磊

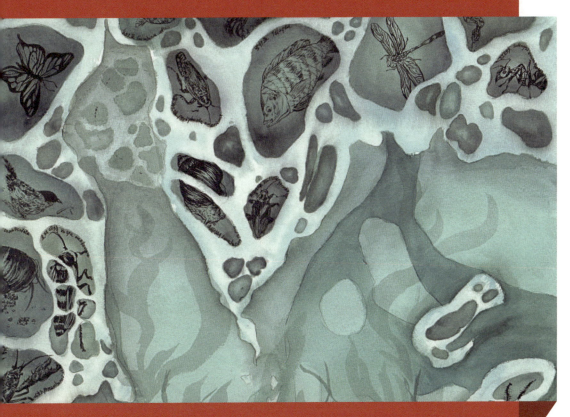

　　生物安全是指国家有效防范和应对危险生物因子及相关因素威胁，生物技术能够稳定健康发展，人民生命健康和生态系统相对处于没有危险和不受威胁的状态，生物领域具备维护国家安全和持续发展的能力。

　　生物安全涉及的主要内容有：防控重大新发突发传染病、动植物疫情；生物技术研究、开发与应用；病原微生物实验室生物安全管理；人类遗传资源与生物资源安全管理；防范外来物种入侵与保护生物多样性；应对微生物耐药；防范生物恐怖袭击与防御生物武器威胁；其他与生物安全相关的活动。

生物安全

维护生物安全有哪些主要任务？

完善国家生物安全治理体系，加强战略性、前瞻性研究谋划，完善国家生物安全战略。强化系统治理和全链条防控，坚持系统思维，科学施策，统筹谋划，抓好全链条治理。盯牢抓紧生物安全重点风险领域，强化底线思维和风险意识。加快推进生物科技创新和产业化应用，推进生物安全领域科技自立自强，打造国家生物安全战略科技力量，健全生物安全科研攻关机制，严格生物技术研发应用监管，加强生物实验室管理，严格科研项目伦理审查和科学家道德教育。积极参与全球生物安全治理，同国际社会携手应对日益严峻的生物安全挑战，加强生物安全政策制定、风险评估、应急响应、信息共享、能力建设等方面的双多边合作交流。

福寿螺入侵

　　"这东西又来了！这是今天新出现的，感觉又产了好多。"湖北省武汉市的一个公园内，公园管护员老张看着水塘边石块上附着的福寿螺卵块，十分烦闷。

　　"这东西怎么就除不掉呢？天天清理天天又有新的出现。"同事老王一边说着，一边又拿起工具去清理。

　　"是呢，真烦人啊。"老张也长叹一口气。

　　这段时间老张他们的重点工作之一就是清理福寿螺及其卵块，但总是难以彻底将其清除。

　　随着气温逐渐升高，外来入侵物种福寿螺进入了一年中的繁殖旺盛期。在南方一些河道、湖泊、湿地和公园内，福寿螺的粉红色卵块形似桑葚，

附着在裸露的石头及水生植物茎秆上，看起来密密麻麻，让人十分不适。

"这东西叫福寿螺，名字听着怪好听的，可是看着咋这么瘆人呢，看久了我鸡皮疙瘩都起来了。"老王摸了摸自己的胳膊，感觉已经掉落了一地鸡皮疙瘩。

"谁说不是呢。"老张说，"我小时候听大人们说，这东西还是稀罕物，从国外引进的，有段时间可受欢迎了。"

老王点点头："我也有印象，不过后来听说这螺里面有寄生虫。"

"对，我记得，当时还上新闻呢。"老张想起小时候自己还吃过福寿螺，就不禁有点儿倒胃口。

福寿螺，听起来是个吉祥的名字，似乎富有美好寓意，但它带来的不是福寿，而是"螺灾"。它的出现对我国的生态安全、农业生产安全和公共卫生安全有着严重威胁。

福寿螺原产于南美洲，20世纪80年代初，我国沿海地区经济蓬勃发展，水产养殖业也随之兴起。当时的渔民们渴望引进新的养殖品种，以增加收入。就在这时，福寿螺因其个大肉多的特点，被一些商人看中，并将其引入中国。

首批福寿螺抵达中国时，受到了当地渔民的热烈欢迎。它们被投放到养殖池中，开始了在中国的新生活。由于福寿螺的适应能力很强，它们迅速适应了中国的气候和水质，繁殖速度更是惊人。渔民们看着这些迅速成

长的福寿螺，心中充满了喜悦和期待。

　　然而，好景不长。随着福寿螺的大量繁殖，一些问题开始暴露出来。福寿螺的口感并不如人们想象的那样鲜美。它肉质松散，腥味较重，很难被大众接受。

　　养殖户们开始意识到，福寿螺并不是他们想象中的摇钱树。随着市场需求的不断下降，许多养殖户开始弃养福寿螺。福寿螺凭借其"能游"又"能爬"，"能生"又"能吃"的特点，迅速扩散到江河、湖泊、稻田等水环境中，成为我国水域的一大公害。

　　福寿螺的繁殖能力惊人，一枚雌螺受精一次，可以连续排卵多次，每次产卵几百粒，一年内通常可产卵约 1 万粒，而且孵化率在 90% 以上。不仅"能生"，福寿螺还很"能吃"。由于福寿螺繁殖速度快、食性广、食量大，在与本地水生生物争夺资源中具有优势，因此严重破坏入侵地的水生生物多样性和生态系统稳定。福寿螺可取食包括 10 余种农作物在内的几十种植物，水稻、甘薯、水生蔬菜等作物是福寿螺主要危害的对象，对水稻的危害尤为严重。福寿螺能大量取食水稻秧苗、幼苗等，造成苗小株少、有效穗减少，从而影响粮食产量。我国南方水稻种植主要省份每年有上百万顷水稻遭受福寿螺不同程度的危害，福寿螺成为名副其实的水稻杀手。

除了对农业生产的危害，福寿螺还对人类的健康造成了威胁。福寿螺是广州管圆线虫、卷棘口吸虫等寄生虫的中间宿主，约 10% ~ 20% 的福寿螺携带有广州管圆线虫，如果生吃或食用未煮熟的螺肉，极易引起广州管圆线虫病，危害人体健康，甚至危及生命。2006 年，北京有 70 多人因生食福寿螺引发了广州管圆线虫病，一时间人们谈"螺"色变。此后每年陆陆续续都有类似的报道。广州管圆线虫会侵入人脑的神经系统和肺部，造成器官损伤、神经受损甚至呼吸衰竭。

曾经被端上餐桌的福寿螺，被列入我国首批《重点管理外来入侵物种名录》。

面对福寿螺的入侵和危害，人们开始了一场艰难的抗争。政府部门加大了对福寿螺的治理力度，采取了多种措施减少它们的数量。他们组织了专业的灭螺队伍，对河流、湖泊等水域进行全面的清理和消毒。同时，他们还加强了对餐馆和市场的监管力度，禁止市场销售福寿螺。

除了政府部门外，社会各界也

积极参与到这场抗争中。科学家们对福寿螺的生物学特性和生态习性进行了深入研究，为治理福寿螺提供了科学依据。环保组织则发起了保护水生生态系统的行动，呼吁人们关注生态环境的保护。

虽然相关部门近年来利用物理、化学、生物等多种手段加强了对福寿螺的防治工作，但部分地区的福寿螺仍在蔓延扩散。据研究，近年来福寿螺的低温适应性又有所提升，分布和危害范围可能会进一步扩大。

由福寿螺入侵的案例，人们也意识到，盲目引进外来物种可能会对当地的生态系统造成不可挽回的破坏。因此，需要更加谨慎地对待外来物种的引进和管理问题，努力维护生态环境的平衡和稳定。

公园里，老张和老王还在继续工作，对着密密麻麻的福寿螺卵满是无可奈何，只能继续日复一日地清理，小小的福寿螺给他们的生活造成了不小的烦恼，这样的困扰也不知道什么时候才能结束。

🔔 反思和启示

疾病传播、生物入侵和基因滥用等问题，警示我们生物安全关系到生命健康乃至社会秩序。故事中，某些新型传染病的暴发，或外来物种引发生态失衡，让国家和个人都承受严重损失。我们要加强对前沿生物技术的规范应用，完善疾控体系，杜绝非法买卖、私自放生等行为。青少年需树立科学认知，掌握基本防护常识，尊重自然法则与研究伦理。唯有稳步推进生物科技创新与治理制度建设，才能让生命科学的红利更好地惠及人类。

📖 小贴士

《中华人民共和国生物安全法》中关于防范外来物种入侵的法律规定：

第六十条　国家加强对外来物种入侵的防范和应对，保护生物多样性。国务院农业农村主管部门会同国务院其他有关部门制定外来入侵物种名录和管理办法。

国务院有关部门根据职责分工，加强对外来入侵物种的调查、监测、预警、控制、评估、清除以及生态修复等工作。

任何单位和个人未经批准，不得擅自引进、释放或者丢弃外来物种。

第八十一条　违反本法规定，未经批准，擅自引进外来物种的，由县级以上人民政府有关部门根据职责分工，没收引进的外来物种，并处五万元以上二十五万元以下的罚款。

违反本法规定，未经批准，擅自释放或者丢弃外来物种的，由县级以上人民政府有关部门根据职责分工，责令限期捕回、找回释放或者丢弃的外来物种，处一万元以上五万元以下的罚款。

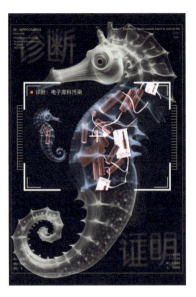

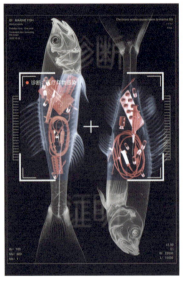
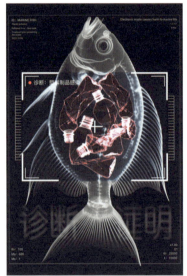

《诊断证明》

选自天津市新时代大学生国家安全主题艺术作品大赛优秀作品集

学　　校：天津理工大学

作　　者：李佳坤　王子璇

指导老师：钟　蕾　唐　甜

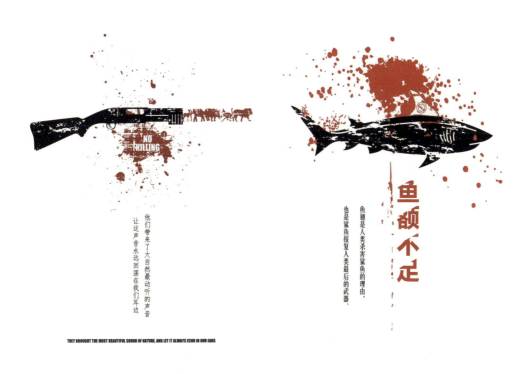

他们带来了大自然最动听的声音
让这声音永远回荡在我们耳边

THEY BROUGHT THE MOST BEAUTIFUL SOUND OF NATURE, AND LET IT ALWAYS ECHO IN OUR EARS

NO KILLING

鱼额不足

鱼翅是人类杀害鲨鱼的理由，
也是鲨鱼报复人类最后的武器。

《保护动物之"余额"不足》

选自天津市新时代大学生国家安全主题艺术作品大赛优秀作品集

学　　校：天津科技大学

作　　者：陈彦彤　毕静薇　张效垚

指导老师：王晚旭

生态安全

保护海洋动物，维护生态安全

窒息

《窒息鱼》

选自天津市新时代大学生国家安全主题艺术作品大赛优秀作品集

学　　校：天津职业大学

作　　者：查静茹　马向毅　杜天意

指导老师：韩东博　王丽颖

　　人工智能安全是指通过采取必要措施，防范对人工智能系统的攻击、侵入、干扰、破坏和非法使用，以及意外事故，使人工智能系统处于稳定可靠运行的状态，以及遵循人工智能以人为本、权责一致等安全原则，保障人工智能算法模型、数据、系统和产品应用的完整性、保密性、可用性、鲁棒性、透明性、公平性和隐私的能力。

人工智能安全

维护人工智能安全有哪些主要任务？

1. 国家安全防护：利用人工智能技术进行网络安全防护，识别和防范来自网络攻击、信息战和其他形式的安全威胁，以维护国家的安全和稳定。

2. 防范技术滥用：监测和防止人工智能技术在军事、情报、执法等领域的滥用，确保这类技术不会被用于侵犯公民权利或实施不当行为。

3. 技术研发与自主创新：推动国家在人工智能领域的自主创新，减少对外部技术的依赖，增强国家在全球科技竞争中的优势。

4. 伦理与法规建设：建立与人工智能相关的法律法规和伦理标准，确保人工智能的应用符合国家的价值观和社会规范，避免潜在的社会风险。

5. 国际合作与竞争：在全球范围内，加强与其他国家在人工智能领域的合作，分享最佳实践，同时应对来自其他国家的技术挑战和竞争。

国家安全故事

人工智能的守护者

在一个灯火辉煌的城市夜晚，霓虹灯的光透过窗帘洒在张伟的办公桌上，映照出他疲惫而专注的面容。作为一名人工智能专家，张伟正全神贯注地研究一款新型智能武器。这款武器具备自主学习能力，能够在复杂的战场环境中实时评估敌情并作出战术决策。

"张伟，你在忙什么呢？"同事李婷推门而入，打断了张伟的思绪。她是张伟的战友，亦是团队中一位优秀科学家。

"我在调试我的 AI 武器项目，希望能在下周的测试中取得好结果。"张伟抬头，露出一丝疲惫的微笑。

"你总是这样拼命工作。"李婷关切地说道，

"最近听说国外有个科技公司也推出了一款新型的AI武器，性能极其强大。"

听了李婷的话，张伟的眉头微微皱起。他知道，这项技术的潜在威胁不可小觑，特别是在国际竞争日益激烈的背景下。

几天后，张伟在办公室接到了一个紧急会议的通知。会议室里，团队成员们脸色凝重。

"根据最新的情报，某国家的黑客组织正在试图窃取我们AI武器的核心算法。"项目负责人王主任沉声说道，"这不仅会影响到我们的项目进度，而且可能导致技术失控。"

"我们必须立刻采取行动！"张伟坚定地说，"我建议成立一个专门小组，负责调查和防范这次的网络威胁。"

"我愿意加入！"李婷立刻响应。

　　"我也是！"其他同事纷纷表示支持。于是，一个由张伟和李婷带领的技术小组迅速成立，开始进行紧急侦查。

　　几周后的一个晚上，张伟和李婷加班到深夜。在屏幕前，他们紧盯着不断闪烁的数据流。

　　"我们已经锁定了几个可疑的 IP 地址，可能就是那些黑客的来源。"李婷兴奋地说道。

　　"很好，我们需要更深入地分析。"张伟认真地说，"我们必须尽快设计一个反击计划，我有一个主意：我们可以开发一款名为'守护者'的 AI 系统，用于实时监控网络活动。"

　　"这个主意太棒了！"李婷眼中闪烁着光芒，"我们可以利用'守护者'的学习能力来识别可疑行为，并进行自动反击。"

　　于是，张伟和李婷开始全力以赴投入"守护者"的研发中。经过几个

月的紧张工作，他们终于完成了初步版本。

"守护者"系统在首次演习中展现出强大的能力。张伟紧张地盯着屏幕，只见屏幕上不断弹出警报，显示出黑客的攻击模式。

"它识别出了黑客的入侵！"李婷兴奋地喊道，眼中闪耀着胜利的喜悦。

"很好，封锁可疑IP！"张伟迅速操作，手指在键盘上飞舞。就在这时，警报再次响起，黑客发起了新一轮的攻击。

"这次来势汹汹！"李婷紧张地说道，"我们能撑住吗？"

"当然可以，我们有'守护者'！"张伟自信地回应。

经过几轮激烈地对抗，"守护者"成功抵御了黑客的攻击，保护了核心数据。会议室里，团队成员们欢呼雀跃，张伟也松了口气。

然而，几周后，黑客组织再次发起了攻击，规模更大，手段也更为高明。

张伟和团队的压力瞬间倍增。

"我们需要升级'守护者'，赋予它更强大的适应能力。"张伟提议。

"我会协助你完成这个任务！"李婷坚定地说。

于是，张伟和李婷一起夜以继日地研发，终于在有限的时间内完成了第二代"守护者"系统。他们期待着这一次能彻底击退敌人。

那晚，黑客再次发动攻击，张伟忐忑不安，紧盯着监控屏幕。伴随着急促的警报声，李婷在旁边紧张地计算着攻击路线。

"'守护者'，启动！"张伟大喊，屏幕上瞬间闪烁着代码，AI 系统开始运作。

"它识别出了攻击模式！"李婷惊喜地说，"我们成功阻止了这次入侵！"

经过数轮较量，张伟和团队终于成功锁定了黑客组织的指挥中心。通过与当地执法机关的协作，他们展开了一次联合行动，成功捣毁了这个犯罪组织，挫败了黑客组织窃取核心算法的阴谋。

战斗结束后，张伟看着李婷，心中满是感激："谢谢你，李婷，如果没有你的支持，我们不可能取得这样的成就。"

"这是我们团队的胜利，大家都很努力！"李婷微笑回应。

然而，张伟心中清楚，AI 技术的快速发展带来了便利，也隐藏着巨大的风险。他意识到，人工智能治理的主导权不仅关乎技术的安全，更关乎未来。

在接下来的日子里，张伟被任命为团队的首席专家，负责制定 AI 安全战略。他倡导建立全球的 AI 治理框架，积极与其他国家沟通，分享经验和技术。

在一次国际会议上，张伟的发言引起了与会者的关注："我们必须本着合作共赢的原则，共同制定相关规范，以确保 AI 技术在和平与安全的轨道上发展。"

会后，张伟与几位国际专家交流，讨论如何加强全球 AI 治理。李婷

在一旁静静地听着，心中默默赞叹张伟的远见。

尽管张伟的努力为国际 AI 治理的进展奠定了基础，但他深知，未来仍然充满不确定性。随着 AI 技术的迅速演进，新的挑战和威胁也在不断涌现。

"我们需要一种更为全面的治理模式，不仅关注技术本身的研发安全，更要关注技术应用的伦理和社会影响。"张伟在一次团队会议上说道。

"我支持你的想法，张伟。"李婷点头称赞，"我们可以成立一个伦理委员会，专门研究这些问题。"

在张伟和李婷的倡导下，团队成立了伦理委员会，开始研究和制定 AI 技术的伦理规范。这一举措得到了社会各界的广泛支持，标志着团队在 AI 治理方面迈出了重要一步。

随着时间的推移，张伟的努力逐渐得到了回报。在一次国际会议上，他代表团队参与了关于 AI 治理的框架协议的签署，成为全球 AI 治理进程中的重要参与者。

在后来的日子里，张伟带领团队继续推动全球 AI 治理的进展。他们不断探索新的技术解决方案，努力将 AI 技术引向更加安全、可持续的未来。

张伟站在窗前，望着繁华的都市，心中充满了自豪。他知道，尽管前方的道路依然崎岖，但只要各国携手共进，必能在这场关于 AI 治理的博弈中找到平衡点，共同维护世界的安全与稳定。

在这个充满挑战的时代，张伟不仅是技术的守护者，更是未来人工智能领域的引领者。他深知责任重大、任重道远，但他已经做好了准备，迎接未来的每一个挑战。

🔔 反思和启示

人工智能既是新经济引擎，也带来潜在安全隐患——算法歧视、数据泄露、自动化武器等问题接踵而至。故事里，少数组织利用 AI 技术从事违法活动，侵害个人和国家利益。技术不是洪水猛兽，关键在于建立负责任的研发与应用规范，包括伦理准则、数据合规与防护手段。青年人既要拥抱创新，也要保持警醒：尊重隐私、不迷信技术，更要关心社会影响。只有法律、企业与公众多方协同，让 AI 在安全边界内茁壮成长，才是真正的智慧未来。

📋 小贴士

2023 年 7 月，国家网信办联合国家发展改革委、教育部、科技部、工业和信息化部、公安部、广电总局公布了《生成式人工智能服务管理暂行办法》。《办法》明确，提供和使用生成式人工智能服务应当遵守法律、行政法规，尊重社会公德和伦理道德，遵守以下规定：（一）坚持社会主义核心价值观，不得生成煽动颠覆国家政权、推翻社会主义制度，危害国家安全和利益、损害国家形象，煽动分裂国家、破坏国家统一和社会稳定，宣扬恐怖主义、极端主义，宣扬民族仇恨、民族歧视，暴力、淫秽色情，以及虚假有害信息等法律、行政法规禁止的内容；（二）在算法设计、训练数据选择、模型生成和优化、提供服务等过程中，采取有效措施防止产生民族、信仰、国别、地域、性别、年龄、职业、健康等歧视；（三）尊重知识产权、商业道德，保守商业秘密，不得利用算法、数据、平台等优势，实施垄断和不正当竞争行为；（四）尊重他人合法权益，不得危害他人身心健康，不得侵害他人肖像权、名誉权、荣誉权、隐私权和个人信息权益；（五）基于服务类型特点，采取有效措施，提升生成式人工智能服务的透明度，提高生成内容的准确性和可靠性。

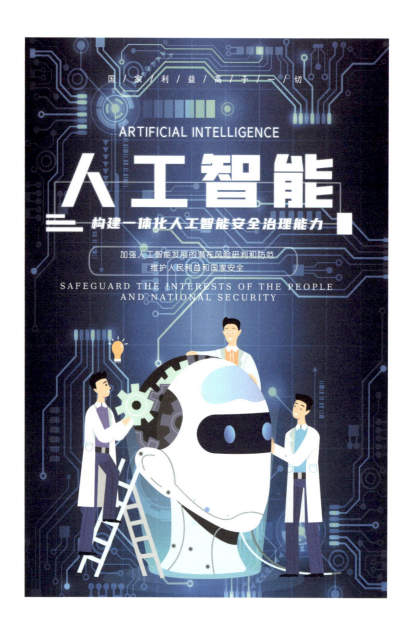

《人工智国》

选自天津市新时代大学生国家安全主题艺术作品大赛优秀作品集

学　　校：天津职业大学

作　　者：杨静怡

指导老师：孙　靓

数据，是指任何以电子或者其他方式对信息的记录。数据安全，是指通过采取必要措施，确保数据处于有效保护和合法利用的状态，以及具备保障持续安全状态的能力。数据与国家经济运行、社会治理、公共服务、国际安全等方面密切相关，数据泄漏、丢失和滥用将直接威胁国家安全和社会稳定，因此，数据安全是国家安全的重要组成部分。

数据安全

维护数据安全有哪些主要任务？

维护数据安全首先要完善数据安全法律体系，逐步加强数据安全法治版图；推进数据安全监管实践，网信、公安、市场监管等部门持续加大违法违规收集使用个人信息、数据非法获取和交易、"大数据杀熟"等重点热点问题整治；规范引领数据安全产业蓬勃发展，在数据安全事件频发、合规监管趋严等多重背景下，数据安全需求全面释放，数据安全产业发展迎来重大机遇。

📖 国家安全故事

筑牢数据安全屏障

一个工作日的清晨，林辰一如既往地在咖啡的香气中开始了他的工作。作为一名资深的数据安全专家，他的日常工作充斥着代码、算法和无穷无尽的数据流。就在今天，这份悠闲被一封匿名电子邮件打破了。

邮件简洁而直接，内容却令人不寒而栗："Beware. The shadow moves at midnight, crossing borders unseen."（小心。暗影在午夜移动，无形跨越边界。）

林辰的心猛地一沉。他的直觉告诉自己，这不是一封普通的垃圾邮件，而是一个潜藏的警告。他立即召唤了他的助手艾利。

"艾利，看看这个。"他一边说着，一边转

发了邮件。

艾利紧紧盯着屏幕，她的脑海中快速地分析着可能的含义："这是指数据盗窃吗？午夜是指今晚吗？"

"我怀疑是的，"林辰眉头紧锁，他感觉到一阵前所未有的紧张和不安，"我们需要立刻采取行动。"

两人带领团队迅速行动起来，开始审查公司所有的数据跨境流动记录，他们必须找出任何可能的漏洞。

接下来的几个小时里，办公室里只有键盘敲击声和他们的呼吸声。大家都没有说话，但每个人都能感受到紧张的情绪。他们知道，这可能是一场与时间赛跑的战斗。

艾利突然停下了手中的工作，说道："林辰，我发现了一些不寻常的流量。它们看起来像是正常的数据传输，但是有一些细微的异常。"

林辰迅速走到她的电脑旁，两人的目光紧紧地盯着屏幕。

"这里，你看，这个流量的加密模式与我们的标准不符。"艾利的手指指着屏幕上的数据。

"这可能是入侵者正在尝试的隐蔽通道。我们需要进一步调查。"林辰的语气坚定。

他们开始针对这些异常流量进行深入分析，其间，林辰不禁回想起自己多年的职业生涯，每一次危机都是对自己能力的考验。此刻，他感到了一种前所未有的紧迫感。

午夜时分，公司其他员工都已经离开了。偌大的办公室里只剩下林辰的团队还在加班加点，他们的眼睛都紧紧盯着监控屏幕。随着夜色的加深，紧张的氛围也变得越来越浓厚。

突然，一个警报音刺穿了夜的寂静，监控系统捕捉到了异常的数据流动。"来了！"林辰紧张地说。

艾利迅速启动了追踪程序："看起来像是一个海外远程访问尝试，他

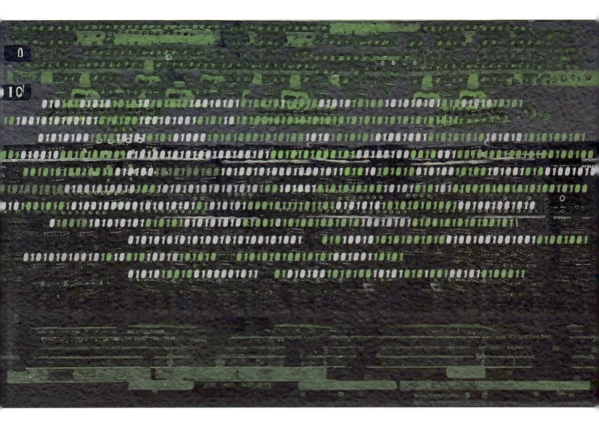

们正在试图绕过防火墙。"

"锁定源头，启动反入侵系统！"林辰下达了命令，他的心跳加速，他知道自己现在正处于一场真正的电子战争中。

在紧张的等待中，他们成功追踪到了攻击者的 IP 地址。"迈克！"林辰认出了那个名字，他们曾在一次国际研讨会上遇到过这位臭名昭著的黑客，他非常擅长窃取他国数据机密，而后就会公开至暗网系统，明码标价进行转卖。

林辰立刻联系了当地网信安全执法部门，他们开始合作，将迈克引入一个由他们控制的系统。

艾利紧张地看着屏幕，说道："我们只有一次机会阻拦他。"

随着时间的流逝，整个办公室仿佛都静止了。终于，在一阵惊心动魄的技术对决后，迈克的行踪暴露了。网信部门迅速行动，将他拦截。

随着迈克被拦截的消息传来，林辰和艾利终于松了一口气。他们成功地阻止了一场可能会给公司和公司所有客户带来灾难性后果的数据窃取事件。

"我们做到了，艾利。"林辰感慨地说，他的眼神中充满了对整个晚上战斗的尊重与满意。

艾利微笑着，虽然疲惫，但她的眼中也闪烁着成功的光芒："是的，我们做到了。"

办公室里响起激动人心的掌声，紧张气氛渐渐散去，林辰和艾利都沉浸在短暂的宁静中。他们的目光穿过窗外，黎明的曙光洒在键盘上，映出斑驳的光影。林辰深深地吸了一口气，感受着激烈地斗智斗勇后的平静。

艾利搅动着那杯早已冷却的咖啡，回忆着这一晚的经历，心情复杂。她对林辰说："我们确实成功了，但这个事件也暴露出我们的系统仍有弱点。

我们需要更全面的解决方案。"

林辰点头同意，他知道这次成功更多是因为他们的警觉和一些幸运。他说："你说得对。我们需要从这次事件中学习，强化我们的防御体系。"

在随后的几个月里，林辰的团队投入了大量的时间研发一套更加强大的数据安全系统。他们检查了公司所有的数据传输系统，并与其他部门紧密合作，确保每个环节都能得到加强。

他们导入了更加高级的加密技术，增添了行为分析工具，以便能更快地识别并阻止可疑活动。同时，他们也实施了一系列员工培训，提高全公司对数据安全的意识和能力。

新系统上线后，林辰和艾利密切监控着一切。他们知道，虽然现在看起来平静，但数字世界的战争永远不会停歇。不久，他们的预感成真了。

监控系统再次发出警报，一次看似更加精妙的攻击正在进行。这一次，攻击者使用了复杂的多点入侵策略，试图绕开新部署的防御系统。

林辰的团队再次出手，他们运用新系统的能力，快速定位了攻击来源，并将其隔离。他们的新系统表现得出乎意料的好，能够在不影响公司正常运营的情况下，有效地抵御攻击。

他们的努力也得到了公司高层的认可。公司领导特别召开全公司大会，表扬了林辰及其团队的杰出贡献，并宣布会进一步增加对数据安全领域的投资。

日复一日，林辰和艾利继续他们的守护工作。数据安全的威胁像海浪一样，一波未平，一波又起。但每一次挑战都让他们变得更加强大。

他们也开始参与开放的安全论坛，分享他们的经验，同时也学习其他专家的方法。他们理解到，只有整个社会齐心协力，才能对抗日益复杂的网络威胁。他们将继续在数据安全的道路上前行，挑战更多未知，保护这个数字化世界的安全。

🔔 反思和启示

数据已成为数字时代的重要生产要素，然而其采集、存储与跨境流动过程中，信息泄露与滥用风险日益凸显。故事中，黑客窃取海量公民信息，或不良机构利用数据操纵用户行为，都折射出数据安全的严峻挑战。我们要严格遵守个人信息保护法规，谨慎授权软件访问权限，并在公共网络环境中保护敏感数据。青年人更需树立理性使用网络的观念，莫因贪图便利而忽视数据风险。数据安全是数字化社会的基石，唯有各方携手构筑安全屏障，才能实现互联互通的可持续发展。

📄 小贴士

数据安全与个人信息保护关系密切。个人信息是以电子或者其他方式记录的与已识别或者可识别的自然人有关的各种信息，不包括匿名化处理后的信息。《中华人民共和国个人信息保护法》第四章规定了个人在个人信息处理活动中的权利，具体包括：

第四十四条　个人对其个人信息的处理享有知情权、决定权，有权限制或者拒绝他人对其个人信息进行处理；法律、行政法规另有规定的除外。

第四十五条　个人有权向个人信息处理者查阅、复制其个人信息；有本法第十八条第一款、第三十五条规定情形的除外。

个人请求查阅、复制其个人信息的，个人信息处理者应当及时提供。

个人请求将个人信息转移至其指定的个人信息处理者，符合国家网信部门规定条件的，个人信息处理者应当提供转移的途径。

第四十六条　个人发现其个人信息不准确或者不完整的，有权请求个人信息处理者更正、补充。

个人请求更正、补充其个人信息的，个人信息处理者应当对其个人信息予以核实，并及时更正、补充。

第四十七条　有下列情形之一的，个人信息处理者应当主动删除个人信息；个人信息处理者未删除的，个人有权请求删除：

（一）处理目的已实现、无法实现或者为实现处理目的不再必要；

（二）个人信息处理者停止提供产品或者服务，或者保存期限已届满；

（三）个人撤回同意；

（四）个人信息处理者违反法律、行政法规或者违反约定处理个人信息；

（五）法律、行政法规规定的其他情形。

法律、行政法规规定的保存期限未届满，或者删除个人信息从技术上难以实现的，个人信息处理者应当停止除存储和采取必要的安全保护措施之外的处理。

第四十八条　个人有权要求个人信息处理者对其个人信息处理规则进行解释说明。

第四十九条　自然人死亡的，其近亲属为了自身的合法、正当利益，可以对死者的相关个人信息行使本章规定的查阅、复制、更正、删除等权利；死者生前另有安排的除外。

第五十条　个人信息处理者应当建立便捷的个人行使权利的申请受理和处理机制。拒绝个人行使权利的请求的，应当说明理由。

个人信息处理者拒绝个人行使权利的请求的，个人可以依法向人民法院提起诉讼。

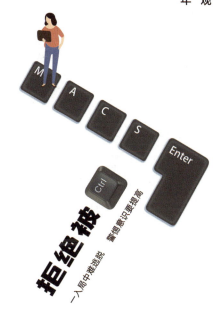

拒绝被
一入局中难逃脱　警惕意识要提高

逃 出 骗 局

《逃出骗局》

选自天津市新时代大学生国家安全主题艺术作品大赛优秀作品集

学　　校：天津美术学院

作　　者：刘昕煜

指导老师：王昕宇　李智瑛

《严守不漏》

选自天津市新时代大学生国家安全主题艺术作品大赛优秀作品集

学　　校：天津美术学院

作　　者：李航 刘佳 姜帆

指导老师：高 山

2014 年 4 月 15 日，习近平总书记在中央国家安全委员会第一次会议上，创造性提出总体国家安全观。2015 年 7 月 1 日，十二届全国人大常委会第十五次会议通过了国家安全法，并将每年 4 月 15 日确定为全民国家安全教育日。2020 年 10 月，教育部印发《大中小学国家安全教育指导纲要》，指出新时代我国国家安全教育要"进课程、进教材、进校园，全面增强大中小学生的国家安全意识，提升维护国家安全能力，为培养社会主义合格建设者和可靠接班人打下坚实基础"。今年则是总体国家安全观提出十周年。十年来，总体国家安全观与时俱进、创新不止，不断丰富、日臻完善，深入人心、成效卓著。

教育是国之大计、党之大计，它在构筑国家安全屏障的过程中发挥着基础性和关键性作用。为了更好地帮助学生系统掌握总体国家安全观的内涵和精神实质，理解中国特色国家安全体系，凝聚维护国家安全的强大力量，在中华人民共和国教育部思想政治工作司、中共天津市委国家安全委员会办公室、中共天津市委教育工作委员会、天津市教育委员会的领导支持下，天津市学校原创思政艺术作品创作中心（天津美术学院）编写了《艺心铸盾——总体国家安全观教育通识课》一书。

　　本书编写组以习近平新时代中国特色社会主义思想为指导，全面贯彻习近平总书记总体国家安全观，以教育部相关文件为依据，遵循教育发展规律，立足学生身心特点，精心编创了这本通识教育读本，引导广大学生将国家安全意识转化为自觉行为，强化责任担当。同时邀请天津美术学院的美术专业师生根据国安故事进行了主题创作，还选用了2024年天津市新时代大学生国家安全主题艺术作品展中的部分优秀作品，使得国家安全知识得到了艺术化表达、生动性呈现。在本书的出版过程中，得到了相关部门、各级领导的大力支持，也得到了国际关系学院刘跃进教授、中国人民公安大学赵辉教授、武警指挥学院石宝江教授和胡金红教授、天津师范大学孙伦轩教授等专家的精心指导，他们的细心指导和中肯且具专业性的意见保证了本书的顺利推进和完成，在此一并表示最诚挚的敬意和谢意。

　　国家安全，你我共筑。期望本书的出版能让国家安全意识不断深入人心，共同筑牢维护国家安全的坚固防线，谱写中国国家安全事业的华彩乐章。

本书编写组

2024 年 12 月